MESSAGE FROM EVERYONE

先生
長い間 本当にお世話になりました。
ここまで 来れたのも、村上先生のおかげ
あってこそだと思います。
今後ともどうぞよろしくお願い致します

開校準備会から お世話になりました。
御所東小学校、きっときっと
ステキな学校になると思います！
先生方や地域の皆さんの思いが
いっぱい詰まった学び舎が 学べる子供
幸せだと思います。村上先生の教育への熱い思い、
ずっと 忘れません・・・
ありがとうございました。

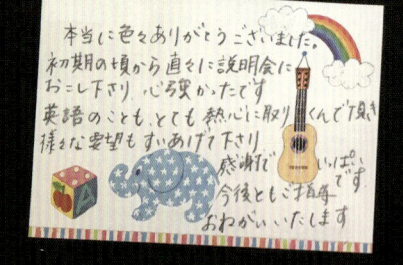

本当に色々ありがとうございました。
初期の頃から 直をに説明会に
おこし下さり 心強かったです
英語のことも、とても熱心に取り くんで頂き
様々な要望も すいあげて下さり
感謝で いっぱい
今後ともに ご指導 です
おねがい いたします

先生の、教育と子供たちへの強い想いに感化し、
人の想いとは たくさんの人を動かし、
心に残るということを知りました。
私も、その一人です。村上先生の情熱のこもった学校の
開校時に PTA役員をさせて頂けるのは、本当に
ありがたいことで、他のために活動している姿を
子供たちに 見てもらいたいです。
開 校までの 数年間、本当にありがとうございました。
　　　　　先生へ

御所東小学校の軌跡

京都コミュニティ・スクール物語

京都市立御所東小学校 学校運営協議会
京都市教育委員会 村上美智子 大山剛生 著

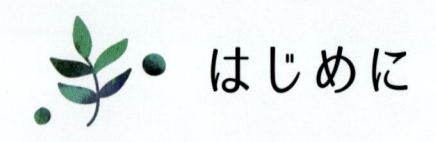

はじめに

　平成の終わりに、京都市では 26 年ぶりとなる統合校ではない小学校が新たに誕生しました。行政主導ではなく、地域の皆様の総意、そして、創意により生まれた学校です。

　既存の殻を破り、そして、苦労と苦悩の末、新しいモノが生まれる。
　「創」の体現です。

「創」は、「きずつける。きずつく。」という意味と、
　「はじめる。はじめてつくりだす。はじめて事を起こす。」の意味をもつのです。

　本書は、9 つの元学区からなる統合小学校の急激に増加する児童数への対応から始まります。そのうち春日、銅駝の 2 つの学区からなる独立した新校設置という方針が選択されたとき、「地域の子どもは地域で育てる」という地域に息づく DNA が活力を増して、コミュニティ・スクール創造に向け、試行錯誤が始まりました。
　全てが前例のない手探りの中で、どのような願いや思いが発せられ、それらをどのような経験を重ね実現していったか、本書は開校までの 3 年間を、「創」の真っただ中にいた多くの皆様の思いも紡いで記録したものです。

　不易と流行。
　立派な学び舎も、少しずつ年を重ねていきます。通う人、携わる人は毎年変わり、理想や目標すら時代の趨勢によって変化し続けます。そして、学校はこれからもさまざまな課題に直面し、岐路に立ち、常に変わり続けていくでしょう。

　しかし、子どもたちを育んでいく地域、家庭、学校が何を大事にしていくかを考えるときに、常に立ち帰る場所として、私たちには不変の「原点」があります。これからもこの思いや経験が語り継がれることを願ってやみません。

平成 31 年（2019 年）3 月

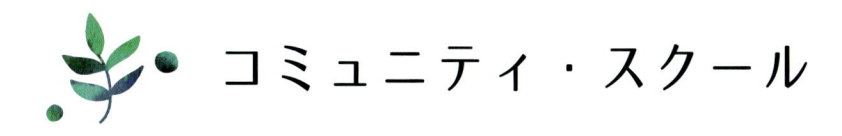

コミュニティ・スクール

○ コミュニティ・スクールとは

　コミュニティ・スクールは、平成12年12月、内閣総理大臣の私的諮問機関として発足した教育改革国民会議が「新しいタイプの学校として、コミュニティ・スクールの設置」の促進を提言したことから始まります。平成14年度に文部科学省は、「新しいタイプの学校運営に関する実践研究（いわゆるコミュニティ・スクール）」（全国で9校指定）を進め、平成16年度、「地方教育行政の組織及び運営に関する法律」改正により制度化しました。

　御所東小学校の母体ともいえる御所南小学校は、平成14年度からコミュニティ・スクールの研究指定を受けることになり、イギリスのLMS（Local Management of Schools: 地域による学校経営）の考え方に基づく学校理事会制度を参考に、京都に受け継がれる番組小学校の、「地域の子どもは地域で育てる」という伝統を活かし、新しいタイプの学校運営を築いていくことにしました。

　具体的には、子どもの豊かな成長をめざし、地域・保護者の皆さんの意見を学校運営に反映させ、学校教育がより充実する研究を進めることにしました。学校の裁量権の拡大と、地域・保護者の皆さんの学校運営への参画について、教育委員会と一緒に進めていきました。

○ 地域住民・保護者の学校運営に参画するシステムを創る

　主として地域住民・保護者が学校運営に参画するには、どのような「学校運営協議会」を設置するのがよいかを考えました。結果、学校教育の方針や運営に意見をいただく「学校運営協議会」と子どもの活動を企画・運営していただく「企画推進委員会」の二層で連動しながら運営することとしました。「学校運営協議会」は学校教育方針の承認や学校運営に意見をいただくご意見番の側面を、「企画推進委員会」は子どもの活動を企画・運営していただく応援団としての側面をもちます。学校に意見をいただくには学校教育を知ってもらうことが必要だと考え、企画推進委員会での子どもの活動を通じ、子どもや学校の様子、学校教育から理解していただくこととしました。

　「学校運営協議会」と「企画推進委員会」を総称し「御所南コミュニティ」と呼びました。学校運営協議会の理事会は地域住民、保護者、学識経験者の十数名の理事で構成。企画推進委員会は、3つの委員会と12の部会で構成。それぞれ子どもの活動は年間2回程度。各部会は地域住民、保護者、教職員5〜6名で進めました。

　「御所南コミュニティ」で熱心に活動していただいた方から、コミュニティのコンセプトが「将来のよき市民を育てよう」であることを知り、「活動の目的がよく理解でき、非常に納得した」と言ってくださったことが今も心に残ります。

　京都市では、学校・家庭・地域が共に行動し、子どもを健やかに育むために学校運営協議会を積極的に設置しています。京都市が進めている学校運営協議会は、学校運営についての意見や承認をいただくだけでなく、多くの方々にボランティアとして参画いただき、「子どもたちのために何ができるのか」を共に考え、行動していただくことに重点を置いています。このように、学校運営について「協議」するだけでなく、共に「行動する」京都市の学校運営協議会は、「京都方式」として全国から注目されています（小学校、幼稚園、総合支援学校は全校に設置。中学校は2020年度までに全校設置予定）。

御所南小学校＆御所東小学校の学区マップ。

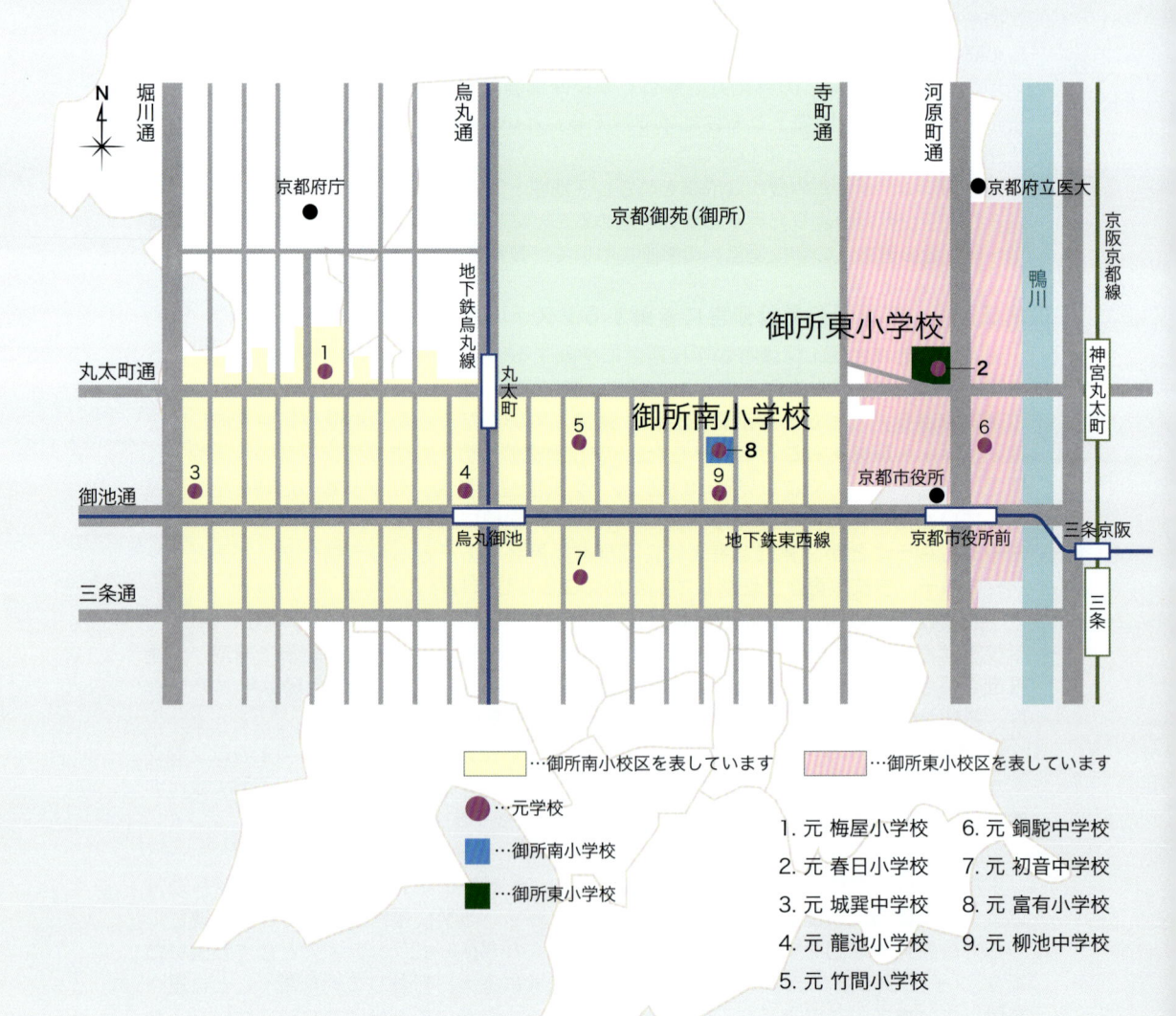

…御所南小校区を表しています

…御所東小校区を表しています

● …元学校

■ …御所南小学校

■ …御所東小学校

1. 元 梅屋小学校
2. 元 春日小学校
3. 元 城巽中学校
4. 元 龍池小学校
5. 元 竹間小学校
6. 元 銅駝中学校
7. 元 初音中学校
8. 元 富有小学校
9. 元 柳池中学校

目次

御所東小学校新設に至った理由

当時の現状
問題点と課題

御所南小学校が過密状態に

御所南小学校の児童数増への対応のため、その通学区域を分割し、平成 30 年 4 月、御所東小学校が開校しました。

御所東小学校の通学区域である春日学区、銅駝学区は、明治 2 年に町衆たちの手により、番組小学校を創設した歴史を有する地域です。

御所東小学校と同じく、御所南小学校についても、その起源は番組小学校にまでさかのぼることができます。御所南小学校の校区にはもともと 9 つの番組小学校がありました。戦後、学制改革でその一部が中学校に転用され、5 校の小学校に再編。さらに、昭和 50 年代以降、都心部のドーナツ化現象が進み、各校とも児童数が減少したことから、この 5 校が統合され、平成 7 年に御所南小学校が開校しました。

御所南小学校の校区は 9 つの元学区（梅屋、春日、城巽、龍池、竹間、銅駝、初音、富有、柳池）を含んでいました。学校統合により、小学校は御所南小学校 1 校になりましたが、明治以来の歴史と伝統を有する 9 つの地域コミュニティはそのまま存続し、自治活動が活発に行われるとともに、学校の教育活動にも積極的に参画されています。

さて、御所南小学校は、校長の下、地域の力を最大限活かし、全国に先駆けて「総合的な学習の時間」の導入や学校運営協議会の設置、5・4 制による小中一貫教育と新教科「読解科」の創設等の教育実践を次々と展開。バブル期の後のマンション建設に伴う子育て世代の都心回帰傾向に加え、「学力日本一」とのマスコミ報道も相まって、全国的にも注目されるようになりました。開校当初 600 人台であった児童数が、平成 14 年頃から大幅に増加。平成 21 年には 1000 人を超えるに至りました。平成 23 年には教室が不足し、運動場へプレハブ校舎を整備せざるを得なくなるなど、児童の過密状態の解消が喫緊の課題となっていました。

新校舎整備を決定

　過密状態の解決に向け、平成 23 年 7 月に 9 学区代表や保護者代表等からなる「御所南小学校未来構想検討委員会」が立ち上げられました。この会において侃々諤々の議論が行われ、その結果、通学区域を分割する方針が決定されました。次に、校舎については、御所南小学校区内の学校統合跡地のうち、当時本格的に活用されていなかった河原町丸太町にある元春日小学校跡地に設置することとなりました。また、原則、自治活動の単位である元学区単位で通学する学校を指定することから、通学区域は春日学区と隣接の銅駝学区を中心として考えることになりました。

　とはいうものの、御所南小学校の通学区域を分割し、春日学区、銅駝学区の子どもたちを新校舎へ通学させるという方針には、当初反対の声が多くありました。

　御所東小学校の開校に大いに貢献された、地元組織である「御所東小学校開校準備会」（本書 p.10 参照）のメンバーの中にも「子どもを御所南小学校へ入学させたくて春日学区へ引っ越してきた」「子どもがお腹の中にいるときに新居を探し始め、御所南小学校の評判を聞いてこの学区のマンションを購入。別の学校へ行くことは寝耳に水で、今さら家を売り、転居することも容易ではないし……」との思いをもった方もいました。

　子どもが新しい学校へ通学するとなると、それまでの友達と離れ離れになってしまうとの声や、兄弟がいるご家庭からは「長男は御所南小学校を卒業、次男は御所東小学校となってしまう。兄弟で同じ学校の思い出を共有させたい」との声などもありました。開校準備会のメンバーにも上記のような複雑な気持ちを抱いていた方が多くおられたと聞きました。

　しかし、御所南小学校の過密状態の解消は解決が急がれる喫緊の課題でした。さまざまな立場の人がさまざまな思いをもちながらも、最終的には番組小学校以来の伝統が発揮され、9 学区全体の子どもたちの教育環境の充実が第一と、春日学区、銅駝学区の子どもたちが御所南小学校から新校舎へ移る方針が受け入れられることとなりました。

独立校とするか？
御所南小学校の分校とするか？

検討に入る

　次に課題となったのは、子どもたちの通学する新校舎を「独立校」とするのか、御所南小学校の「分校」とするのか、その位置づけについてです。また、教育内容や今後の児童数の推移など、さまざまな視点から新校舎の通学区域となる春日学区、銅駝学区において検討が進められました。

独立校と分校の意味

　「独立校」という言葉は少し分かりにくいかもしれませんが、「分校」と対比したもので、校長がトップの一般的な小学校を指す言葉として、新校舎の位置づけの検討の中で使われていました。子どもの数が増えて新しい学校ができる場合、独立校を新設するということが普通ですが、今回は、事情が複雑でした。御所南小学校へ子どもを通わせたいという思いでこの地域に転入されてきた方が多い中で、さまざまな条件により御所南小学校に通うことができないにしても、新たに通う学校は御所南小学校の分校として、御所南小学校と同じ校長の下、同じ教育方針で教育活動を行ってほしいという方がおられました。開校準備会のメンバーにも、御所東小学校が独立校となることで教育方針や学習内容が御所南小学校のそれと大きく変わってしまうのではと心配される方がいました。

将来も児童数は維持できるのか？

　御所東小学校の通学区域は春日学区と銅駝学区の２学区で、開校時、児童数は300人弱で、各学年概ね２学級とクラス替えができる学級数が確保できると見込まれていました。しかし、少子化の時代です。開校準備会のメンバーも「御所東が御所南から離れて、児童数を維持し続けることができるか」と不安を感じておられたのです。さらに、新しい学校がどのようなものになるか分からないことから、地域の中には、子どもを私立小学校へ進学させる方がおられました。せっかく新しく独立した学校を創っても、もし将来的に児童数が維持できなくなり、御所南小学校と再び「統合」しなければならなくなるということがあるならば、最初から「分校」としておいた方がスムーズに元に戻れるのではないかという意見もありました。

独自性のある魅力的な学校にしよう

　一方で、開校準備会のメンバーの中にも「分校というどっちつかずの対応には違和感がある」との意見がありました。「独立校」か「分校」かを検討するため、両学区の自治連合会会長が中心となって、たびたび保護者や地域住民による会合が開催されました。会合では、教育委員会からの独立校のメリット、分校のメリットの説明も参考に、地域の方々の意見集約が図られました。地域の意見集約を図る労を執られた開校準備会のメンバーは「どちらが子どもたちにとってよい環境で学習できるかを第一に考えた」と当時の会合の様子を振り返っておられます。検討の当初は「分校」という意見の方も多かったのですが、議論を重ねるうちに、新しい学校を「御所南をベースにしつつも、独自性をもった魅力的な学校にしていこう」「御所南を超える学校を創ろう」との思いが多くの保護者や地域住民の間に共有され、最終的には、春日学区、銅駝学区とも独立校とすることに意見集約が図られました。開校準備会のメンバーは「分離独立は不安だったが、今では独立校を選んで本当によかった。新しい学校での教育が楽しみ」と、御所東小学校の教育に期待を寄せておられます。

御所東小学校グラウンド

春日学区、銅駝学区とともに
独立校を創る

御所東小学校開校準備会の立ち上げ

　新しい学校を、保護者や地域住民の思いや願いがこもった学校にするため、平成27年1月に、春日学区、銅駝学区の自治連合会会長、副会長を含む「御所東小学校開校準備会」を立ち上げることになりました。開校準備会のメンバーの人選は両学区の自治連合会会長が行い、保護者や地域活動を行っている方で組織され、当初は10名、平成28年4月からは17名に増員し、開校までの3年あまり、教育委員会と連携し、例えば、校名や校章・校歌の選定などを開校準備会が中心となって行いました。

校名と校章・校歌

　校名は、春日学区、銅駝学区の住民を対象に公募。元校名の「春日」と「銅駝」は使わない条件での公募としました。約1か月間の応募期間に約100件の応募があり、半数が「御所東」で、その他は地域の歴史や自然に由来する校名案でした。多数決にはしない条件で、開校準備会のメンバーはもとより、保護者、地域住民も交えて検討されました。その結果、校名案は「御所東」が選定されました。理由は、新しい学校が御所の東に位置すること。校名に「御所」を冠し、御所南小学校の教育実践を受け継ぎ、両校が姉妹校として切磋琢磨し、新しい時代にふさわしい教育を創造してほしいとの願いからです。また「東」は日が昇る方位であり、輝きに満ちた子どもたちを育む、清新なイメージに合致すると命名されました。

　この校名案は「御所南小学校未来構想検討委員会」へ報告。これを受け、9学区代表によって要望書にまとめられ、平成27年12月、京都市教育委員会に提出。平成28年3月に京都市会の議決を得て「御所東」が正式に決定しました。

　校名に続き、校章、校歌についても、開校準備会でそのアイディアやフレーズを公募することとなりました。保護者や地域住民のほか、子どもたちからも応募があり、開校準備会で検討し、地域にゆかりのある3人に制作を依頼。校章のデザインは京都市立銅駝美術工芸高校教頭の梅林敬藏先生に、校歌は作詞を詩壇の芥川賞とも呼ばれるH氏賞を受賞された詩人で、銅駝美術工芸高校の国語科教諭であった山本純子先生に、作曲を京都市立京都堀川音楽高校教諭の平田あゆみ先生に依頼。各先生には学校のコンセプトを詳しく説明して制作に活かしていただきました。校章も校歌も、地域の思いの詰まった、素晴らしいものとなりました。校歌について、開校準備会のメンバーは自分たちで議論しただけに、開校式では子どもたちに負けないくらい歌えたと、大変愛着のあるものになったようです。

御所東小学校校歌

作詞 山本純子 ／ 作曲 平田あゆみ

鴨の流れに
息づくいのち
季節のめぐりを
探しに行こう
こころはいつも
ふしぎを求めている
みんなで
力合わせて
解き明かせば
未来は
きっと美しい
御所東小学校

日々の学びの
一つ一つが
大きな夢へ
つながっていく
流れがいつか
海へ届くように
朝日を
浴びて輝く
この場所から
世界へ
一歩ふみ出そう
御所東小学校

校章

御所東小学校を象徴する「桜」の周りを
東を守護するという「青龍」が取り囲むデザインです。
地域とともに子どもを健やかに育む学校でありたいとの
思いを表しています。

デザイン：梅林敬藏

御所東地域と近隣に点在する歴史

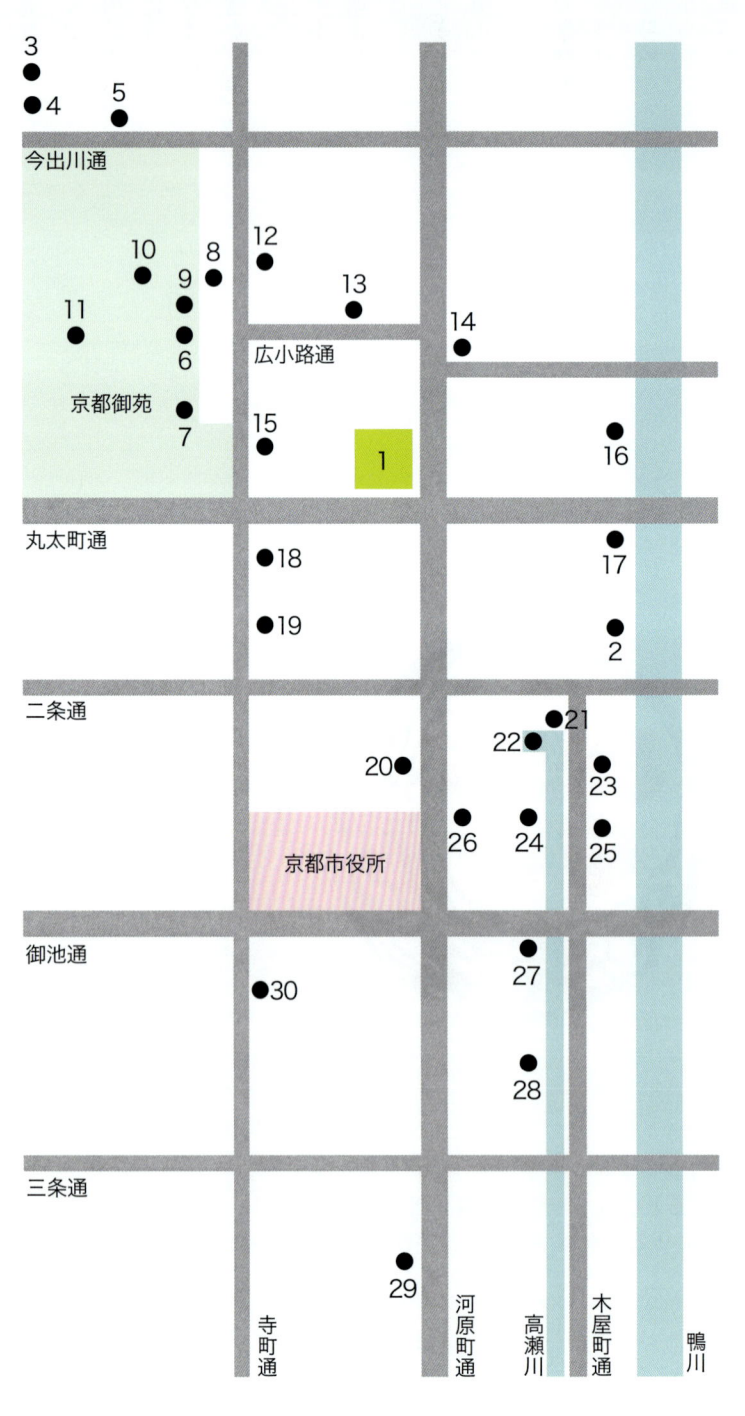

1：御所東小学校（元春日小学校）

2：銅駝美術工芸高等学校（元銅駝小学校）

3：薩摩藩邸跡

4：同志社大学

5：冷泉家

6：清和院御門

7：寺町御門

8：梨木神社

9：湯川秀樹歌碑

10：学習院跡

11：西園寺邸跡

12：廬山寺

13：立命館学園発祥の地碑

14：京都府立医科大学

15：新島襄邸跡 新島会館

16：頼山陽邸跡

17：女紅場跡

18：下御霊神社

19：革堂行願寺

20：島津製作所本社跡

21：島津製作所創業記念資料館

22：高瀬川・一之船入

23：角倉了以碑

24：佐久間象山・大村益次郎 遭難の地

25：幾松（桂小五郎・幾松寓居跡）

26：桂小五郎像

27：加賀藩邸跡

28：対馬宗氏屋敷跡

29：坂本龍馬・中岡慎太郎 遭難の地（近江屋跡）

30：本能寺

学校周辺の地域に改めて目を向けると、西に京都御所、京都御苑が広がり、寺町通には北から廬山寺、下御霊神社、革堂行願寺と一千年の歴史に出会う。御池通を南に下がると室町時代に建立された本能寺があり（変遷を経て現在地に移転）、木屋町通には江戸時代、角倉了以によって物資の輸送のために開削された高瀬川が流れている。そして近年では、幕末の動乱の舞台となり時代は明治へと向かっていく。

　東京遷都後の明治8年には島津製作所の創業者島津源蔵が日本で初めて理化学器械製造業を興し、我が国近代科学技術の発祥の地となり、今なお日本を代表する企業として邁進し続けている。丸太町を上ると、明治2年に立命館が、明治5年府立医科大学、明治8年同志社が創立され、鴨川の畔には明治5年、日本で初めての女学校が創立された。そして今もなお京都の学府の地域でもある。このように平安京以来、幾重にも重なる日本の歴史の上に地域の日常が営まれてきたと思うと、驚きを隠せない。

　また日本文化に目をやると、能、日本舞踊、茶道、華道、書道、琴演奏、葵祭、祇園祭、京人形、組紐、京料理、和菓子などの伝統文化に携わる方が多数おられる地域である。

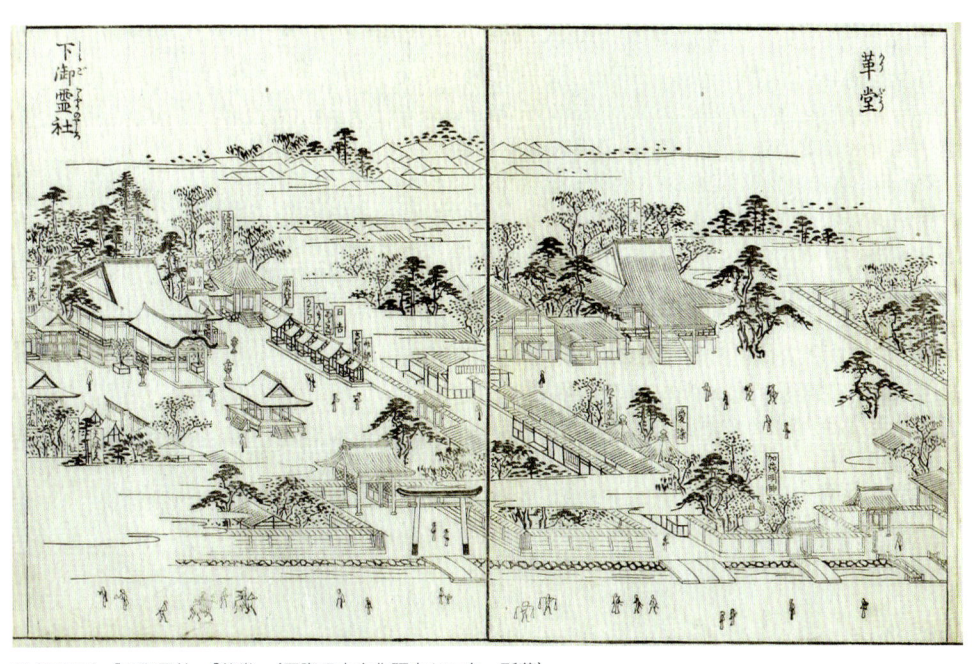

都名所図会「下御霊社」「革堂」（国際日本文化研究センター所蔵）

下御霊神社

寺町通丸太町下る

　創祀は平安時代初期の貞観5年（863年）に行われた神泉苑御霊会を由緒としている。御霊会とは政争の中で冤罪を被り亡くなった貴人の怨霊（八所御霊）を祀り慰撫することで疫病などの災厄から免れんとする民間信仰である。正式には「御霊社」と称され、俗に上御霊社との位置関係で「下御霊社」と呼ばれるようになる。初め寺町今出川の北に鎮座され、平安末期には新町出水の西に移り、上御霊社とともに上京を代表する社に発展し御霊祭の風流をたたえられるようになる。天正18年（1590年）豊臣秀吉による都整備の際、東京極通（現在の寺町通）に多数の寺院を集めるに伴い下御霊社も現在地に移される。御所及び皇族の御殿並びに公卿の邸宅も氏子地域となり皇居の産土神としての性格が強まって、社殿や神輿及び祭具への御寄付などがそのつどあって、今も多く残されている。御所東小学校の通学区域である春日学区（大部分）と銅駝学区（約3分の2）は氏子地域内である。

下御霊神社 18

革堂行願寺

寺町通竹屋町上る

　革堂行願寺は、天台宗の寺院で本尊は千手観世音菩薩である。西国第十九番札所として知られ、年間を通じて多くの人が訪れる。開祖は行円上人で、寛弘元年（1004年）一条小川に「一条北辺堂」を復興し、「行願寺」と名付けたことに始まる。人々の成仏を「ねがい、行じる」という思いが込められているということである。その後大火等で場所を変え、天正18年（1590年）には、秀吉の都整備に伴い寺町荒神口に移転、後の大火で今の場所に再建された。一千年の歴史があるお寺である。

　開祖の行円上人は、密教行者のしるしである宝冠をかぶり、革の衣をまとっていたので「革聖」と呼ばれて親しまれ、「革聖のお堂」というので「一条の革堂」と愛称で呼ばれたそうである。まとっていた革衣は、上人が若い頃、狩りで鹿を射止めたとき、鹿は身ごもっており死に際に子どもを産んだ。それを見ていた上人は「いのち」の深さに気付き、今までの殺生を悔い、仏門に入り母鹿の革を衣として身から離すことはなかったということが伝えられている。

革堂行願寺 19

織田信長公廟 30

本能寺 30

葵祭

清和院御門 梨木神社を望む 6

祇園祭

梨木神社 8

京都御苑

京都御所・明治維新

　794年、桓武天皇が平安京へ遷都した当時、天皇の住まいである内裏は現在の京都御所から西へ約2kmの所にあった。内裏は度重なる火災により焼失し、そのつど摂関家の邸宅を一時的に皇居とする里内裏が置かれた。里内裏の一つ土御門東洞院殿は、1331年光厳天皇が即位されて以来、御所となり今に至る。明治維新による東京遷都まで、この地が天皇の住まいであり、またこの周辺には大小140以上の公家たちの住まいがあった。

　明治維新は黒船来航以来、欧米の帝国主義の波が強まる中、旧来の鎖国体制を維持し、朝廷の権威のもと幕政改革と攘夷を求める尊王攘夷派と、欧米列強に対抗すべく旧来の幕藩体制の変革を求める勢力が入り乱れ、幕末は京都を舞台に朝廷をめぐる複雑な政争が展開していった。1864年、京都御所を守る会津藩や薩摩藩などの幕府側と長州藩が激突した禁門の変（蛤御門の変）が勃発。この戦いで京都市中2万8000戸が焼け落ちたが、志士たちは近代国家への道を邁進した。

　明治維新の中心的な舞台はまさに御所東小学校区内にあった。御所を挟んで、北東の地（現在は同志社大学）に薩摩藩邸があり、南東の地（現在は京都ホテルオークラ）に長州藩邸があった。

　明治維新の立役者の一人、薩摩藩の西郷隆盛は禁門の変の直前、東三本木の料亭、清輝楼（立命館草創の地）で「血涙会議」と呼ばれる大演説を行い、諸藩に長州藩討伐を訴えた。また、もう一人の立役者、長州藩の桂小五郎（後の木戸孝允）とその妻、幾松は御所東小学校区のさまざまな場所にその足跡を残している。

　維新の志士たちは日本の行く末を深く案じ、この地域を舞台に時代を動かし、明治維新を成しとげた。

佐久間象山・大村益次郎 遭難の地 24

坂本龍馬・中岡慎太郎 遭難の地 29

桂小五郎像 26

薩摩藩邸跡 3

春日学区

　春日学区は京都市上京区の南東端に位置し、学区の範囲は、東端は鴨川、西端は寺町通で京都御苑に隣接。また、北端は京都府立医科大学、南端はほぼ丸太町通の南までで、銅駝学区と接している。現在、おおよその世帯数は1200世帯、人口は2600人。

　春日学区では、明治2年12月11日に番組小学校である上京第30番組小学校を開校。明治8年、春日小学校に改名。春日の名称は、学校の正門が面している丸太町通が、平安京での春日小路にほぼ該当していることから命名。春日小学校は120年を超える歴史を有していたが、児童数の減少から平成7年3月、春日小学校を含む5つの小学校を統合した御所南小学校の開校により閉校。以降、御所東小学校の整備まで春日小学校の旧校舎が残され地元で利用されるほか、公共的機関等に暫定的に利用されてきた。そして現在「春日」の名は春日学区自治連合会として存続し、地域活動が盛んに行われている。

　御苑の東に隣接するこの地域は、昭和天皇の皇后である香淳皇后が幼少時代の一時期を過ごされた地域である。春日学区の寺町通から京都御苑に入るには、北から清和院御門、寺町御門がある。清和院御門手前には梨木神社があり、寺町御門からは仙洞御所が望める。その昔公家の人たちが往来していたであろう平安京を今にしのばせる。

　江戸時代の後期には、東三本木に歴史家・思想家・文人である頼山陽が住まい、幕末には現、鴨沂高等学校の前身である女子学問所、女紅場が丸太町鴨川沿いに設立された。明治時代に入ると、新島襄が同志社大学の前身、同志社英学校を設立。現在は旧宅と記念館が寺町通にある。

女紅場跡 17

頼山陽邸跡（鴨川より望む）16

新島襄邸跡 15

頼山陽邸跡 16

新島会館 15

銅駝学区

銅駝学区は、京都市中京区の北東端に位置し、東端は鴨川、西端は京都市役所までが寺町通、それより南は河原町通の西側あたりまで、南端は三条通あたり、北端は丸太町通の南までで、春日学区と接している。現在、おおよその世帯数は1600世帯、人口は3000人。

明治2年9月21日に上京第31番組小学校として開校、明治8年には銅駝小学校に改名。銅駝の名称は、平安京の銅駝坊に由来。その後、銅駝小学校は、昭和22年に銅駝中学校となり、昭和54年には柳池中学校との学校統合により閉校。昭和55年、京都市立銅駝美術工芸高等学校となり、現在に至る。銅駝学区は、銅駝自治連合会を中心にして地域活動が盛んな地域である。

銅駝学区は幕末動乱の舞台であり、倒幕の志士が闊歩していた高瀬川沿いは、今も京都有数の繁華街である。当時の長州藩邸は現在の京都ホテルオークラあたりで、その南には加賀藩邸、対馬藩邸があった。桂小五郎と東三本木の芸妓で妻の寓居「幾松」は今もこの地にある。また佐久間象山・大村益次郎の遭難の地跡も今に伝えている。

銅駝学区にある歴史的遺産の1つである高瀬川は1614年、角倉了以・素庵父子によって開削された。平安京遷都以来課題であった物資運搬を解決し、近世の京都の発展に大きく貢献した。明治に入ると舎密局で学んだ島津源蔵は、島津製作所を木屋町二条で創業し、日本独自の産業技術の発展に尽力した。

また、京都市役所、日本銀行京都支店があり、この地域が京都の政治経済の中心であることがうかがえる。

高瀬川と高瀬舟 22

角倉了以像（京都ホテルオークラ 2 階）

高瀬川・一之船入 22

島津製作所創業記念資料館 21

島津製作所本社跡 20

文部科学省が求める教育・京都市教育委員会が進める教育

京都市の教育改革

　京都市では、番組小学校以来の「地域の子どもは地域で育てる」伝統を活かし、「一人一人の子どもを徹底的に大切にする」を基本理念に、さまざまな教育改革を進めてきました。国による制度化よりも前に、全国に先駆け、独自予算で教員を採用し、少人数学級を実現。平成15年度、小学1年生に35人学級を導入し、次いで平成16年度からは小学2年生で35人学級、中学3年生では平成19年度から30人学級を導入しています。また暑い夏でもしっかり学習できるよう、平成18年度には全ての普通教室を冷房化。これにより夏休みを短縮するなどして、京都市では年間205日の授業日数を確保。また、家庭の経済状況に左右されない学力の向上をめざし、自学自習の習慣化を図るため、小学3年生から中学3年生まで全15回実施されている京都市独自の「小中一貫学習支援プログラム」では、学習教材が配布され、子どもたちはそれをもとに学習した後、全市共通の確認テストを受験。その結果は全市での概ねの位置と合わせて返却され、同時に配布される補充教材を用いて弱点の克服を図ります。この「事前学習→確認テスト→事後学習」を1サイクルとした学習スタイルを、多い学年で年3サイクル実施しています。

　学力向上の取組と同様に、京都市では、子どもたちが社会生活を送る上で大切な、コミュニケーション力や自ら判断する力などを育むため、体験学習も重視。「ほんまもん」に触れ、物事の真理を探究する「総合的な学習の時間」に先進的に取り組むほか、統合により閉校した学校の校舎を改修して再現した「街」（京都まなびの街 生き方探究館）で経済活動の体験学習を行ったり、子どもたちが自然の中で長期間過ごす長期宿泊・自然体験に取り組んだりしています。

　これらの取組は学校だけではできません。家庭や地域とともに、市民ぐるみで取組を進めることが必要不可欠で、全校で「開かれた学校づくり」に取り組んでいます。

　学校では、毎年人事異動がありますが、人事異動で先生の顔ぶれが代わっても、こうした取組が継続できるよう制度化したものが「学校運営協議会」であり、「学校評価」です。

　京都市の学校運営協議会は、法律で定められている「学校の基本方針の承認」や「学校運営へ意見を述べること」のほか、学校評価の中で、学校による「自己評価」を評価する「学校関係者評価」も行います。単に学校が行う自己評価を批評するにとどまらず、学校と学校運営協議会が、子どもをめぐる課題の共有から、課題解決に向けた目標を共有し、その目標の実現に向け、学校運営協議会として何ができるかを考え提案し、具体的な実践につなげています。京都市ならではの仕組みとして、各校の学校運営協議会には、具体的な実践を行うための実動組織として企画推進委員会が設けられています。例えば、学校評価で「子どもたちの読書離れが課題」とされれば、学校の取組と歩調を合わせて、学校運営協議会として、放課後に保護者や地域による読み聞かせの会の開催を提案し、企画推進委員会が中心となって実行していきます。こうした地域ぐるみでのさまざまな活動を通して、学校運営協議会も子どもを育む当事者として、その責任の一端を担っています。伝統的に地域とのつながりの強い京都市の小学校では、全校に学校運営協議会を設置し、学校評価が実施されています。

新学習指導要領でめざされるもの

　京都市の教育で一貫して大切にされてきたことが、今、全国的な教育の潮流になりつつあります。

　我が国の学校教育の基準を示すものが、国が定める学習指導要領ですが、これは概ね10年に一度改訂されることになっています。次の新しい学習指導要領は小学校では2020年4月から全面実施されますが、御所東小学校が開校した平成30年4月からは一部を新学習指導要領 に沿って行う移行措置が始まっています。

　今回の新学習指導要領改訂の背景として、急速なグローバル化や人工知能（AI）の飛躍的な進化など、社会の加速度的な変化や絶え間ない技術革新により、将来の社会のありようの予測は困難という時代認識があります。このような時代の到来に直面し、今、学校で学んでいる子どもたちが社会に巣立つ未来には、学校での学びがそのまま社会で活用できるとは限らない状況にあることが予想されます。未来社会の創り手である子どもたちには、答えのない課題に対し、多様な他者と協働する中で新たな考えを生み出しながら、自分なりの解決策を見いだし、実行していく力が求められています。

　このため、新学習指導要領では、よりよい学校教育を通じてよりよい社会を創るという目標を社会と共有し、社会と連携・協働しながら、子どもたちが未来の担い手となるために必要な資質・能力を育む「社会に開かれた教育課程」の実現がめざされています。また、新しい時代に必要となる資質・能力の3つの柱として、生きて働く「知識・技能」、未知の状況にも対応できる「思考力・判断力・表現力等」、学びを人生や社会に生かそうとする「学びに向かう力・人間性等」が示されており、これらの資質・能力を、教科等を横断して、学校の教育活動の全てを通して偏りなく育成する「カリキュラム・マネジメント」の重要性がうたわれています。そして、もう1つ、新学習指導要領のキーワードであり、資質・能力の3つの柱の育成に向けた授業改善の方向性として示されているのが「主体的・対話的で深い学び」です。これは、学びと自分の人生や社会の在り方を主体的に結び付けていくことであり、多様な人や先人との対話を通して自らの考えを広げていくことです。そして、学習対象と深く関わり、問題を発見し解決したり、自己の考えを具現化したり、思いをもとに構想し創造したりすることです。

御所東小学校では

　教育構想の検討当初から保護者や地域住民の参画を得て進めてきた学校づくりは、新学習指導要領にある「社会に開かれた教育課程」の実践そのものであり、こうした経過を経て編成された御所東小学校の教育課程は、新学習指導要領を見据えたものとなっています。

　御所東小学校での一連のカリキュラム開発は、開校前の平成29年度から3年間の予定で、文部科学省の「先導的実践研究」の研究指定を受けています。開校前の学校がこうした研究指定を受けることは極めて異例で、文部科学省からも高い評価を受けており、御所東小学校の取組は新しい学校教育のモデルとして、1つの到達点を示していると言えるのではないでしょうか。

〈参考〉門川大作『かくて教育は甦った』致知出版社、2008年
　　　　PHP研究所編『教育再生への挑戦』PHP研究所、2007年

フィンランドの教育

京都市教育委員会 指導部 担当部長 清水 康一

2017年9月、今後の京都市の教育行政に活かすため、京都市会は、フィンランド等への海外行政調査を実施。PISAにおいて高い教育レベルを維持している同国を訪問し、学校・プレスクールや図書館、教育委員会等を視察してきました。メルヴィ・バレ氏にご尽力いただき、ヘルシンキ副市長をはじめ、多くの関係者との交流もできました。

> メルヴィ・バレ氏／フィンランドの教科書執筆者で元ヘルシンキ大学附属小学校教師。指導要領策定委員や教育委員などを務めた。フィンランドの国語教育の第一人者。現在も精力的に執筆活動や後進の育成・指導にあたる。

森と湖の国、フィンランド共和国は、リナックス、ノキア、ムーミン、シベリウスなどを生んだ北欧の1国。面積33.7万平方キロメートル、人口552万人（2016年）。人口とGDPの規模が日本の北海道とほぼ同じ。欧州有数の経済大国であり、「世界で最も競争的であり、かつ市民は人生に満足している国の一つである」と評される。2017年に独立100周年を迎えた。特筆すべきは、その教育水準であり、日本と並び、国際的な学力調査PISAでコンスタントに上位を占めてきている。PISA2015では、読解力は、日本より上位に位置している。

1. フィンランドの教育制度

国としての教育の目標は、「児童生徒の人間性の成長と倫理的に責任ある社会の一員としての成長を支援すること」「生涯において必要となる知識と技能を育成すること」である。我が国の教育基本法で定める「人格の陶冶」「国民の育成」にも通じる。

教育内容・方法については、国がコア・カリキュラムを、地方自治体の教育委員会がローカル・カリキュラムを、学校がスクール・カリキュラムを定める、日本のシステムと類似。

2. コア・カリキュラムのポイント（2014年改正）

理念や教育内容等、我が国の新しい学習指導要領と重なる部分も多い。

・児童生徒の知識とスキルが、将来においても強いもの（strong）であること。

・学ぶことへの興味や意欲を培うこと。

・教師の任務は、子どもたちが「生涯にわたって学び続ける人となる」よう、導くこと。

・教室外での学びの奨励・社会科と語学の低学年での時数増・教科横断的な力を育成。

教科横断的な力には、思考力、学び方の学び、対人・表現スキル、そして、マルチな読み書き能力（multiliteracy）が含まれる。マルチな読み書き能力とは、さまざまな異なるテキストを解釈したり、生み出したりする力のことである。

・プログラミングの基礎的な考え方に低学年から親しむ。

・マルチ教科モジュール。

各学校は、毎年度、複数教科にまたがる学習を、具体的にテーマ、プロジェクトコース等を設定して実施する。日本でいう総合的な学習の時間に相当する。

3. 教員の資格等

修士卒が必要かつ十分な資格となっている。教員養成学部で5年間学び、所定の単位を取得すれば教員資格を得る。Classroom Teacher と Subject Teacher のコースがある。また、大学の課程には、各学年50〜100時間の実習が組み込まれている。教員の採用は各学校が行う。雇用期間はさまざまであるが、初年度は1年、以降は複数年とい

うのが通例。教員は人気のある職業であり、教育関係学部への入学競争率は高い。

4. フィンランドの義務教育

　義務教育は無償。授業料・教材費は、通学に要する交通費、給食費も含まれる。通学する学校は、家から近い学校を指定する方式（京都市と同じ。学区制）であり、学校選択制は国策として採用していない（Basic education is non-selective）。

　授業日数は年間 190 日であり、日本の標準よりも少なめである。学年は 8 月 1 日に始まり、7 月 31 日に終了する。学級人数は法律上の上限規定はないが、20 人程度が多い。

（1）小中一貫教育

　フィンランドでは、小中一貫教育を基本施策としている。学校施設は小・中で別々のことが多いが、関係法令では学年を 1 学年〜 9 学年と表記し、教育委員会や学校も同じ表現を使用している。なお、1 〜 6 学年は学級担任（Classroom teacher）、7 〜 9 学年は教科担任（Subject teacher）による指導であり、日本と同様である。

（2）教員採用システム、校長・教員の裁量

　校長は教育委員会が、各校の教員は校長が採用。教科書は各教員が選択できる。

（3）チーム・ベースド・ティーチング

　教員 2 名または教員とアシスタントによる複数指導体制を推進。

　「管理職、秘書、教員、アシスタント、カウンセラー、用務員等が連携した学校運営・教育活動が重要」（タンペレ市教育委員会幹部）

（4）学校の地域センター化

　高齢者サービス施設や図書館の併設等、学校を地域の Welfare Center として再構築していこうという動きがある。京都市の「番組小学校」を想起させる。

5. まとめ

　指導要領（コア・カリキュラム）の方向性や関係者の連携の重要性等、日本や京都市の課題意識や理念・政策の方向性は共通している（小中一貫教育、6 歳児のプレスクールと義務教育の接続、地域の拠点としての学校、チーム学校等）。

　一方で、校長や教員の裁量が大きいこと、教員が尊敬される職業であり、社会的にも高い地位にあること、教員数と勤務形態も日本より遥かに余裕があることなど異なる点も多い。また、フィンランドでは、公立の学校がほとんどであり、プレスクールから大学まで無料、給食無料という形で完全に国が教育を保障している。

　このように、国家政策上の教育の位置付けが高いこと、これに関連して教員の地位が高いことが、国民が自国の教育システムや教員を信頼することにもつながっている。

6. フィンランドの教育関係者の言葉

　我々の使命は完全な平等性の確保。全ての子ども・市民への教育の機会均等の提供である。
（ヘルシンキ市副市長）

　どんなシステムもそれだけでは機能しない。重要なのは信頼である。

　子どもと教員、保護者と教員。教員と校長。校長と教育委員会。あらゆるレベルで信頼が重要。
（タンペレ市教育委員会、校長監督官）

　教員は豊かな言葉を使うことで子どもたちの語彙、つまり、「世界」を広げるのです。

　物語を読むこと、「文字言語」で理解することが、子どもたちのイマジネーションをかき立て、思考力・創造力につながるのです。
（メルヴィ・バレ）

〈参考〉フィンランド政府 ウェブサイト　https://minedu.fi/en/basic-education

京都御苑と高瀬川

京都御苑

　京都御苑は春日学区の西に位置する国民公園（昭和24年一般開放）であり、京都御所周囲のエリアを指す。江戸時代には200あまりの公家屋敷が立ち並んでいたが、豊臣秀吉が織田信長から受け継いだ都市改造の一環として公家屋敷を御所周辺に移住させた。明治時代に入ると、明治天皇に従い多くの公家が東京に移り、御所周辺は急速に荒廃していった。この状況を憂慮した岩倉具視は旧慣保存を理由に跡地の整備を開始したことが京都御苑の始まりである。京都御苑内には500種以上の植物がある。苑内には約5万本の樹木が生育しており、多くは明治時代以降に植えられた。多彩な樹々や草花が御苑の風格と四季を彩り、キノコ類も多く見られ、400種以上が確認されている。また野鳥の観測所としても知られ、100種以上の野鳥が確認されている。昆虫も、チョウ類55種、トンボ類26種、セミ類8種が確認されている。このような自然と親しむ場所が多く整備されているほか、閑院宮邸跡の収納展示室では自然や歴史について解説とともに学ぶこともできる。

高瀬川

　高瀬川は銅駝学区にある歴史的遺産の1つである。平安京遷都以来、京都は我が国の中心都市であったが、内陸のため物資の運搬が課題であった。その課題解消のため京都の豪商、角倉了以・素庵父子により1614年、高瀬川が開削された。鴨川から水を引き、木屋町二条をその源に、伏見まで南下し宇治川につながっている。水量が少ないため、舟の底が平らな高瀬舟が行き来したことから高瀬川と名付けられた。舟運で多くの物資が大阪から淀川、宇治川を経て、高瀬川を遡り、京都まで運ばれ、近世の京都の発展に大きく貢献をした。高瀬川には二条から四条までの間に、荷揚げや舟の方向転換を行う舟入が9つあったが、現在は日本銀行京都支店の南にある一之船入のみが当時を今に残している。江戸時代から明治時代まで物流の主役を担ったが、鉄道の開通により陸路に物資運搬が移行し1920年に廃止された。現在は京都の情緒あふれる景観になっている。最近では御所東の子どもたちも参加する「ホタルを復活」の取組が進められ、ホタルが見られるようになりつつある。

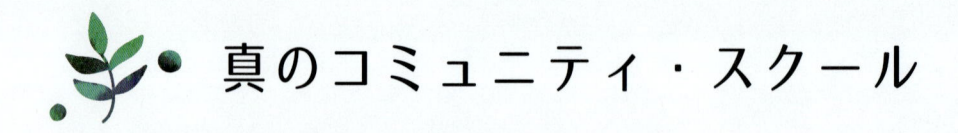

真のコミュニティ・スクール

1 学校づくりに地域・保護者の参画を
—— 一緒に考える「意見交換会」 ——

　「地域の方々、保護者の方々と一緒に新しい小学校の教育構想を創っていきたい!!」御所南小学校から分離・独立することになり誰の心にも不安が顔をのぞかせる中、こういった状況を新しい時代にふさわしい学校づくりのチャンスにしようと考えました。そして、明治時代以来のこの地域に根付く教育への深い思いにより、新しい学校を創るにあたり多くのアイディアと提案を必ず生み出していただけると確信し、地元組織である御所東小学校開校準備会に「意見交換会」の実施を提案しました。

「どのような子どもを育てるのか、どのような教育をめざすのか」

（1）第1回意見交換会

　教育構想のベースとなる「どのような子どもを育てるのか」「どのような教育をめざすのか」をテーマに平成27年3月意見交換会はスタートしました。進行は参加者が意見を出しやすく、多くの意見交換ができるように少人数グループでのワークショップ形式を採用。ファシリテーターは準備会のメンバーが担当。スムーズな運営ができるように事前にプレ・ワークショップを実施し、第1回意見交換会を迎えました。地域住民・保護者、合わせて約40名が参加。

テーマ1「どのような子どもを育てるのか」

1. テーマに沿い参加者は「育てたい子どもの姿」を付箋に書き出し、個々にその理由も記載。その結果、「多様性を認める子、自己肯定感のある子、コミュニケーション力のある子、いじめをしない子、探究する子、読解力のある子」などとなりました。新学習指導要領が示すこれからの社会を生きていく上で必要な資質・能力を見事に反映した意見が続出。
2. 次に、グループごとに「育てたい子どもの姿」を「考える力」「人間性」「健康・体力」の3つに分類。その3つのカテゴリーが、一人の子どもを木に見立てた「木」のどの部分（根、幹、枝・葉・実）に当てはまるかを話し合いました。
   ・「健康・体力」は、全てのグループが土台である「根」にあたると回答。
   ・「人間性」が全体を支える「幹」で、「考える力」が幹に大きく伸び生い茂る「枝・葉」と考えたグループ。
   ・「考える力」と「人間性」が共に「幹」であり「枝・葉・実」であると考えたグループ。

・「人間性と健康・体力」があってこそ確かな学力は育つ。確かな学力があってこそ「人間性と健康・体力が育つ」というグループ。

　グループごとに違った見解が生まれ「意見交換会」は地域の方、保護者の方の子どもに対する熱い思いと願いで白熱しました。

テーマ2「どのような教育をめざすのか」

　「英語教育を重視」「国際バカロレア教育の指定」「読解力を重視」「京都の伝統文化の学習」「グローバル社会に対応する取組」「最先端テクノロジーと自然との触れ合い」などの意見が出ました。

（2）教育構想の土台

● めざす子ども像
　「探究する子」「考える子」「読解力のある子」「コミュニケーションができる子」「思いやりのある子」「自己肯定感のある子」「向上心のある子」「多様性を認められる子」「バランスの取れた子」の9項目にまとめました。これらは新しい時代に必要となる資質・能力と考えます。

● めざす教育
・「国際社会で生きる力を育む」「確かな学力を育む」「豊かな人間性・体力を育む」の3つの柱にまとめました。
・教育の重点は、読解力・探究力の育成をベースにした「英語教育」と「ICTの活用」、「プログラミング教育」です。これらをもとに教育構想を作成することになりました。

（3）新しい学校の開校に向けて子どもたちが交流できる取組

　意見交換会では、両学区の子どもたちが開校前から交流できる取組の要望があり、子どもが活動を通して仲良くなれるように「子どもの活動」部会、通学路も変わるので「通学の安全」部会、PTAの活動を考えていく「PTA活動」部会、「学校運営協議会」部会、以上4つの部会を設け、継続して検討していくこととなりました。

2　「よい学校にしよう」という意識を共有できた「意見交換会」

　保護者や地域住民の思いや願いがこもった小学校にするため、保護者や地域住民の意見を聞く機会を設けた「意見交換会」。このような取組は当たり前のことに思われがちですが、進行を一歩間違えると、さまざまな要望や批判が噴出し収拾がつかなくなります。しかし、真のコミュニティ・スクールをめざす上では絶対に必要であると、その開催は教育委員会にとっても思い切った決断でした。

（1）準備会メンバーや参加した人々の熱意

開校準備会のメンバーは当初、地域住民を集めて意見を聞くことは難しいのではと懐疑的でした。おそらく小学校に関心をもっている人の多くは、どんな学校になるのかを説明してほしいだけであって、自分でどういう学校にしたいかということを考える人はほとんどいないのではという考えのようでした。しかしそれは杞憂でした。その見解をよそに、「意見交換会」は平成27年3月から平成29年3月にかけて6回開催されましたが、どの回も大いに盛り上がったのです。開校準備会のメンバーがリーダーとなり、保護者や地域住民による少人数のグループでのワークショップ形式で開催されました。

また、意見交換会の目的について開校準備会のメンバーは、「目的は保護者や地域の皆様の意見を広く集めることにあり、ワークショップ形式は、その目的に適した方法だったと思います。思ったことや感じたことをどんどん付箋に書き出すことで参加者自身も自分の考えが整理でき、他者の意見を参考にできたと思います」と、目的に合った方法で充実した熱心な意見交換会になったと振り返っています。

（2）よい学校にできそうだという確信へ

意見交換会の開催には、開校準備会のメンバーと教育委員会で夜間に及ぶ協議を重ねました。必要に応じ詳細な情報を教育委員会が提供し、ワークショップで話し合うテーマについて、話しやすい切り口を検討していきました。

準備会のメンバーもワークショップの進行を任され、どのように進めていけばよいのかと思い悩んだものの、参加者の皆さんのしっかりした意見、毎回時間が足りないほどの熱気にあふれた意見交換によって、最初の懐疑的な思いはいつの間にか払拭されていきました。

意見交換会で出された内容は、教育委員会でまとめて、御所東小学校の教育構想や開校準備に反映していきました。こうした取組は、まさに新学習指導要領がめざす「社会に開かれた教育課程」の実践そのものとなりました。

参加された方から「地域を巻き込んで新しい学校づくりを考えていくなど、めったに経験できることではなく、我が子が通う学校をつくる過程に参画できたことは感謝でしかない」「最初の不安はいつの間にかすっかり影を潜め、全てが喜びへと変化したことには驚きます」また、「この地域の方々と知り合うことができたことは、自分の住んでいる地域を知り、地域の歴史を受け継ぎ、自身の子どもに受け継いでいくことの大切さを学びました」との言葉をいただきました。

明治時代の番組小学校創設の心意気が今まさに蘇ったような思いがし、現代における**真のコミュニティ・スクール**であるといえます。当初、皆さんの「これからどうなってしまうのか？」という不安は「絶対によい学校にしよう」という願いや「よい学校にできそうだ」という確信に変わり、具体的に新しい学校をイメージしながら、メンバー全員が同じ方向を向いていることを実感した素晴らしい瞬間でした。

御所東小学校教育方針

夢に向かって輝く未来をつくる子どもの育成

○御所東小学校のめざす教育

　子どもたちが生きるこれからの社会は、グローバル化や人工知能（AI）の急速な進化など想像を超えたスピードで変化し続けることが予想されます。これからの社会がどのように変化しようとも子どもが自分の考えをもち、友達と考え合いよりよいものをつくりだしていく力をつけ、夢の探究に向かって未来を切り拓き、未来を創ることができるよう「確かな学力」「国際社会で生きる力」「豊かな人間性・体力」を育むことを御所東小学校教育の３つの柱とします。

　このような教育を実現するために、これら３つの柱に加え「論理的思考力」「読解力」「探究力」「英語コミュニケーション力」「プレゼンテーション力の基礎」「国際理解」「読書力」「絆」「共に生きる」の９つを、育成する資質・能力の重点と位置付けて教育課程を作成し、その実現をめざしています。さらに企業、大学、研究機関、ＮＰＯ等と広く社会と連携協働し、未来の社会を創る子どもたちが主体としての意識を高めるような学びを進めていきたいと考えています。

　御所東小学校のめざす教育や教育課程については、地域・保護者の意見をもとに、新学習指導要領を踏まえて考えてきたもので、地域・保護者と共有しています。こうした地域社会との連携及び協働によって子どもを育成していくことは大きな力になると思います。

 御所東小学校のめざす子ども像

【探究する子】

自ら探究する子どもを育てます。Why?　なぜ、こうなっているの？　What?　何をするか？
自分がやることを考え　How?　いかにするか？　を仲間とともに探究し学ぶ。
このような学びは感動を生み、次の学びへの原動力につながります。

【挑戦する子】

自らの可能性を最大限に発揮できる子どもを育てます。探究する喜びを知ると、主体的に新たな
課題に挑戦する姿勢が生まれます。課題解決には個々の創造性が、国際社会においては、
とりわけコミュニケーション力が必要となります。挑戦する姿勢は未来をつくりだす力を育てます。

【やさしく、たくましい子】

「自然にやさしく、人にやさしい人が強い人」を目標に強くたくましい心と体を育てます。
多様な考えを認め、人とともに生きていく喜び、
社会で役立つ喜びを自らの喜びとする子どもを育てます。

夢に向かって未来をつくる

めざす教育 ー３つの柱と９つの重点ー

確かな学力を育む教育

深い学び

論理的思考力
（主体的・対話的で深い学び）

全ての教科等で、課題に対する自らの考えをグループや全体で話し合い、自らの考えを高めたり、深めたりします。このような学習過程で論理的思考力を育みます。

つなぐ

読解力
（読解の時間）

いろいろな文章や資料から必要な情報を読み取り、分類・比較・推論・評価・考察をします。そして筋道を立て自分の考えを相手に伝わる文章に表現できる力を育みます。

国際社会で生きる力を育む教育

深い学び

英語コミュニケーション力
（外国語科・外国語活動）

１年生から英語教育を始めます。英語でやりとりをする中で、相手の思いを理解し自分の考えを表現できる発信力、即興力を育みます。

つなぐ

プレゼンテーション力の基礎（English Time）

英語でスピーチやプレゼンテーションをするための語彙や表現を身に付けます。また、積極的にコミュニケーションを図ろうとする態度を育みます。

豊かな人間性・体力を育む教育

深い学び

読書力
（読書タイム）

「主人公は誰か？」「好きな場面は？」「あなただったらどうする？」などの観点に沿って本を読み、友達と意見交流し、異なる考えを知ることで読書力を高めるとともに想像力や豊かな心を育みます。

つなぐ

絆
（たてわり活動・体力アップタイム）

行事や運動など異学年で取り組む活動を多く設け、体力向上を図るとともに人とのつながりを深め、尊重し合う心や成長への憧れ、リーダー性、自信等を育みます。

「笑顔 夢 ひらめきいっぱい御所東」

探究力
（ 総合「みらい」）

生き方

地域を探検したり伝統文化や伝統産業、また、職業等を実際に体験したり、主体的、創造的に仲間とともに取り組んだりすることで探究力を育み、自己の生き方を考えます。

＜探究する子＞
自立　ひらめき

国際理解
（ 総合「こくさい」）

生き方

外国の人との交流を通して外国の生活や文化にふれたり、調べたりして国際理解を深めます。日本文化との違いを知ることで、違いを超えてつながる感動を実感します。

＜挑戦する子＞
創造　夢

共に生きる
（総合「こころ」・道徳）

生き方

地域の自然や幼児、高齢の方、障がいのある方とふれ合い、生きる姿を見つめる総合「こころ」や考え、議論する「道徳」を通し、よりよく生きる喜びや共に生きる態度を育みます。

＜やさしく、たくましい子＞
協働　笑顔

学校教育目標

33

小中一貫教育　OGGTプロジェクト

（京都御池中・御所東小・御所南小・高倉小）

京都御池中・御所南小・高倉小とともに進める小中一貫教育
5・4制による9年間の「学び」と「成長」

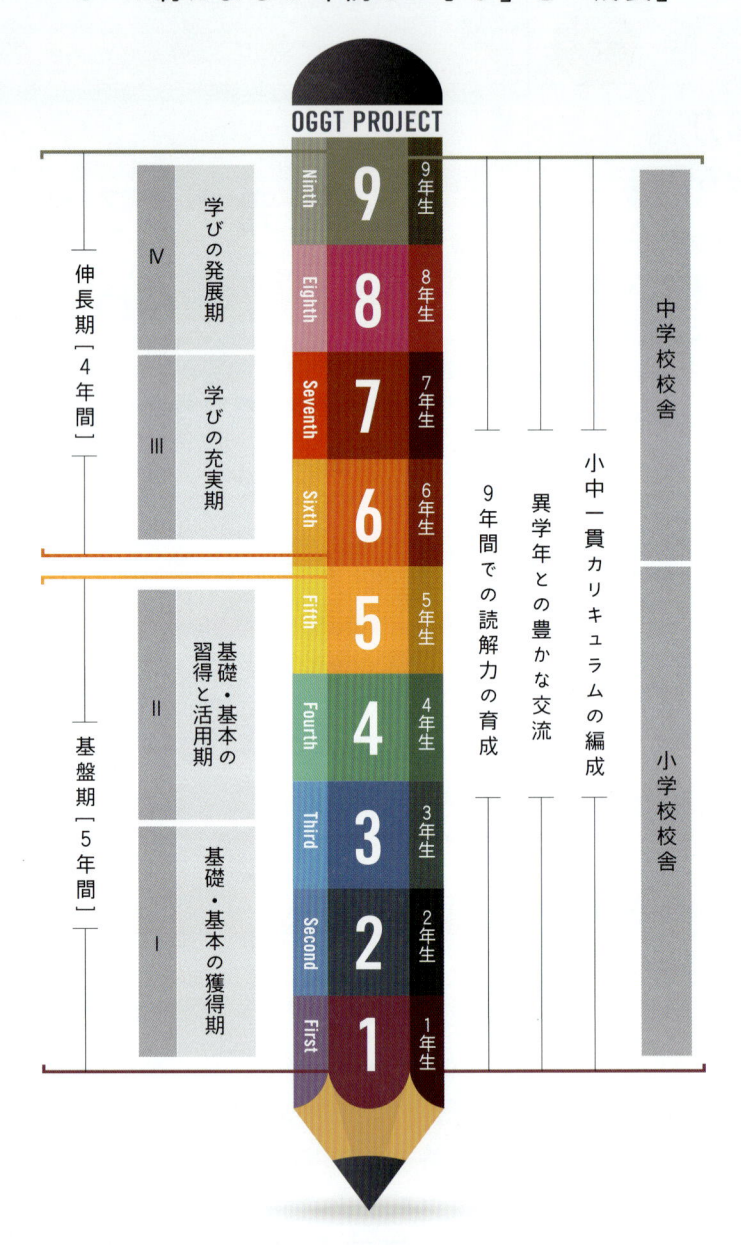

京都御池中学校区では、平成17年度から京都市小中一貫教育特区の指定を受け、義務教育9年間の一貫した教育を推進してきました。平成19年度からは6年生が京都御池中学校の校舎で、中学校教員と小学校教員の連携による授業を受けています。

御所東小学校は京都御池中学校区の小学校として5・4制による小中一貫教育を推進し、その目標を「未来に輝く小中一貫コミュニティ・スクールの創造」としています。中心となる「小中一貫教育OGGTプロジェクト」では、これまで進めてきた読解力の育成を柱に、互いの取組の情報を交換したり、小中9年間の児童・生徒のよりよい学びと育ちについて協議したりするなど、創造的な活動を展開していきたいと考えています。

読解の時間

「読解の時間」では、いろいろな文章や資料から情報を収集、抽出、選択し、筋道立てて考えたり判断したり、解釈・評価したりします。そして、自分の考えが相手に伝わるように表現する力をつけます。これは全ての教科等の学習の基盤となるもので、教科等とも関連させて取り組んでいきます。

1年生
◆おたずね名人になろう
◆絵にかいて紹介しよう
◆科学読み物を読んで、説明しよう
◆いろいろな資料をくらべよう
◆順序よく説明しよう
　　　〜わたしのお気に入りベスト3〜

2年生
◆メモをとりながら聞こう
◆インタビューに挑戦しよう
◆観察したことを記録して、知らせよう
◆体験したことを報告しよう
◆○○な言葉を集めて、使って、書いてみよう

3年生
◆これであなたも名司会者
◆図鑑・辞典の使い方をマスターしよう
◆心ひかれるキャッチコピーでプレゼンしよう
◆考察の言葉でまとめよう
◆言い換える力でパワーアップ

4年生
◆話し合って考えを一つにまとめよう
◆視点を変えて物語を書こう
◆かっこいい調査報告文を書こう
◆論理的に説明しよう
　　　〜はじめは結論、次に理由〜
◆テーマに合った資料を選んでプレゼンしよう

5年生
◆対話力を高めよう
◆静止画・動画を活かしたプレゼンをしよう
◆新聞の編集術を学ぼう
◆グラフや図を引用して説得力のある
　意見文を書こう
◆図解・図読して考察文を書こう

6年生
◆よきアドバイザーになろう
◆解説者にチャレンジ
◆目的に合った資料を選んでプレゼンしよう
◆論説文にチャレンジ
◆必要な情報をみきわめよう
　　　〜本当にそうかな？〜

総合的な学習の時間

発見・探究・感動の<mark>総合「みらい」</mark>
かかわり・探究・感動の<mark>総合「こころ」</mark>、<mark>総合「こくさい」</mark>と題し、
学習します。

「総合的な学習の時間」では、"ほんまもん"に出会う機会を多く設け、実際に体験し、探究的な学習活動を通してよりよく課題を解決し、探究力を育むとともに自己の生き方を考えます。そして、自分の未来を創造できる教育として取り組んでいきます。

	総合「みらい」	総合「こころ」	総合「こくさい」
3年生	「わたしたちのまち ひかりの京(みやこ)」 京都らしさやそのよさを感じる体験を通して、京都の魅力、自分が暮らす御所東のまちの魅力とは何かについて探究する。	「ふしぎ発見！ 御所の森」 京都御苑の自然にふれ、自然のすばらしさや不思議を実感し、自然の力やその中で生きることを考える。	「おとなりの国となかよしプロジェクト」 おとなりの国と日本のかかわりについて学ぶ。生活・言語・食だけでなく人と人とのつながりを感じる。
4年生	「わたしたちの高瀬川」 高瀬川や高瀬川に携わる人とのふれあいを通して、川と環境、それらと自分とのかかわりについて探究する。	「やさしさ発見！御所東のまち」 高齢の方との出会いを通して、その生活や知恵について知ったりその人の思いを考えたりする。	「世界の国とつながろうプロジェクト」 世界の国の文化を知る体験を通して、日本の文化や魅力について考える。そして、文化を通して人と人とのつながりを感じる。
5年生	「未来のわたしあこがれの働き方」 「働く」ことについて考えることを通して、これから大切にしていきたい信念や思いを行動に表すことを考える。	「匠のこころ」 伝統工芸に携わる人の仕事に向かう姿勢から、伝統を守り伝えるこころについて考える。	「地球の平和応援プロジェクト」 世界の国や世界の中の日本について知り、平和について考えることを通して、人と人とのつながりや自分にできることについても考えていく。

人々の生き方に学んだことから、「共に生きる」ことについて考えたり、
自分の生き方を見つめたりして、自分の未来を考えよう。

6年生	「わたしと伝統文化」 伝統文化を支える人々の生き方や姿勢から、昔から大切にされてきた日本のこころ、今も生きる日本のこころとは何かについて考える。	「共に生きるこころ」 障がいのある方との出会いを通して、さまざまな立場から「生きる」ことを見つめ直し、考える。	「I Have A Dream 自分応援プロジェクト」 日本だけでなく世界で活動する人と出会い、その考え方や生き方から、自分の可能性を考える。

総合的な学習の時間(70時間)を総合「みらい」40時間、総合「こころ」20時間、総合「こくさい」10時間とします。

フィンランドの小学校と交流

　フィンランドのヘルシンキ大学附属「Viikki Normal School」（ヴィーキ・ノーマル小学校）との交流。以前にこの小学校を視察した際、フィンランドの教育についてご教示いただき、交流のあるメルヴィ・バレ先生に、伝統文化を中心とした子どもたちの交流を要請したところ、「両国の子どもにとって素晴らしいことであり、担当の先生も交流に関心を示している」と積極的に進めていただけることになりました。

　交流は、日常生活（遊び、スポーツ等）や学校生活（学校の学習の様子）、街の様子、伝統的な地域の祭りなどを互いにビデオレターなどで紹介し合いながら、それぞれの国の文化に理解を深め、子どもたち同士の絆を育んでいきます。そして、こうした交流などを通し、楽しみながらプレゼンテーション力をつけていきます。

〈Cultural exchanges〉KIZUNA English で実施

3・4年　自分の名前や好きなもの、学校や地域のよいところなどを伝える。
5年　　自己紹介や学校紹介をしたり、京都のよさを紹介したりする。
　　　　また、やり取りを通して、フィンランドのよさに気付く。
6年　　自己紹介をしたり、京都のよさを紹介したりする。また、やり取りを通して、
　　　　フィンランドのよさに気付き、自分の思いや考えを伝える。

○ 2018年3月にメルヴィ・バレ先生が来日され、「Viikki Normal School」の子どもたちの学校生活の様子をDVDで紹介してくださいました。また御所東小学校の子どもたちにトーベ・ヤンソンの「ムーミン」（英語版）などの本を寄贈いただきました。フィンランドの母語はフィンランド語ですが、3年生から英語を学習します。将来的に子どもたちが両国の友好の懸け橋になることを願っています。また、学校間で子どもの学びなど両国の教育について教職員の交流もできるようにしていきたいと考えています。

4年生の国語の授業風景

Viikki Normal School

主な施設と設備

御所東小学校では、
教育内容をより充実させるための教育環境を整備しています。

メディアセンター（2階）

御所東小学校の教育方針を具体化した特色ある施設とし、
以下の3室をまとめて「メディアセンター」としています。

ENGLISH ROOM（多目的室）

ここは英語でコミュニケーションを楽しむ英語満載の空間です。
英語の絵本や図書、DVD、大型電子黒板を設置しています。

コンピュータ室（学習情報センター）

タブレット型のパソコンや大型電子黒板を設置しています。

図書室（読書センター）

約8000冊の図書を配架。物語のほか、事典や辞書類、
調べ学習や探究活動に必要な図書を充実させています。
京都関連の図書コーナーや大型電子黒板を設置しています。

このメディアセンターでは創意
あふれる教育活動を展開します。
例えば、図書とコンピュータを
駆使した「探究活動」、その成果
を大型電子黒板やタブレットを
使って発表する「プレゼンテー
ション」、インターネットで世界
の人々とつながる「異文化交流」
など、施設機能を最大限に活用
した教育活動を実施します。

その他の主な施設・設備

木材を最大限利用し、温もりのある学習環境を整備しています。
外観は伝統と歴史ある地域に調和したものとしています。

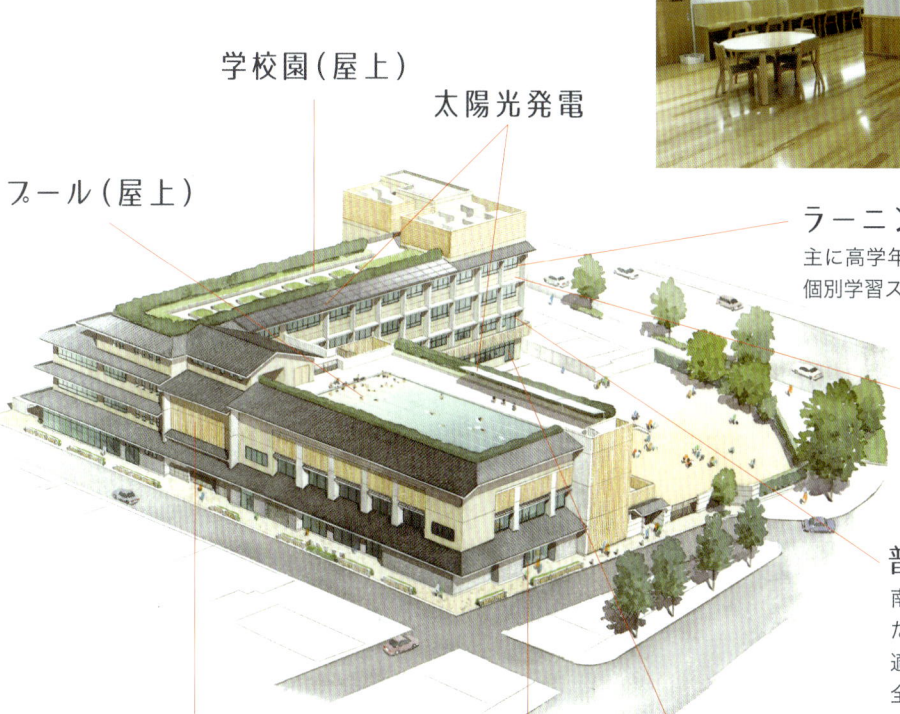

学校園（屋上）

太陽光発電

プール（屋上）

学童保育所（2階）

体育館（1階）

ラーニングエリア（4階）
主に高学年児童のグループ学習や
個別学習スペース。

和室（4階）
茶道・華道などの
伝統文化を学びます。

普通教室（1～4階）
南側に窓があり、子ども
たちにとって、明るく快
適な生活空間です。また、
全室に電子黒板、無線
LANなど、ICT環境を整
備しています。

職員室・保健室（1階）
子どもたちの安全に配慮し、運動場からも
直接出入りできる配置としています。

体育館と運動場

運動場に向けて広い開口部を設け、運動場と
体育館を一体的に活用します。子どもたちは、
体育の授業はもとより、休み時間や昼学習の
全児童が取り組む「体力アップタイム」など
で、のびのびと運動し、体力向上につなげま
す。また、災害時の避難場所としての利便性
も有しています。

めざす教育

確かな学力を育む教育

変化の激しい社会を生きていくには、知識を課題解決に生かす力が必要です。そのため、

① 生きて働く知識・生きて働く技能の習得

② 未知の状況に対応できる「思考力・判断力・表現力等」の育成

③ 学びを人生や社会に生かそうとする「学びに向かう力・人間性等」の涵養

を重視し、さらに学びの質を高めるために「アクティブ・ラーニング」を進め、主体的な学び、対話的な学び、深い学びを通じ確かな学力を育みます。

国際社会で生きる力を育む教育

国際化が急速に進む現代社会にあって、日本の中の京都、京都の中の御所東で学ぶ自分を知り、京都の歴史や自然、伝統文化に親しみ、誇りをもって生きることこそが国際社会でたくましく生きることと考えます。英語を「伝えるための道具」「コミュニケーションの道具」として学びます。そして自分の考えをしっかり伝えることを学びます。また国際交流、異文化交流から、違いや多様性を認め、他者を尊重するこころを育てます。そして世界の人々とともに手を携え国際社会で活躍する力を育みます。

豊かな人間性・体力を育む教育

夢に向かって輝く未来をつくる子どもたちを育てるには、学力はもとより豊かな感性、創造性、人間性、そしてそれを支える体力が必要です。

豊かな感性や創造性を育むためには、豊かな体験や素晴らしい経験が必要です。成長や感受性は個々に違いがあります。生活のさまざまな場面で子どもたちの感性や創造性を揺さぶる多くの機会をつくるためには、家庭や地域の協力が必要です。美しいものに触れ美しいと感じるこころ、尊いものに触れ感動するこころを大切に育てていきます。そのためにも心身の健康を第一に、学力とともに高めていきます。

セミナー・保護者説明会・子どもの活動

― 御所東小学校教育を伝える ―
○御所東小学校子育てセミナー＆保護者説明会

- フィンランドの教育と読書 ……………………………………………… 平成28年9月
- 国際社会で生きる力を育むために ……………………………………… 平成29年1月
    - 講師　京都外国語大学教授　ジェフ・バーグランド先生
- ヴァイオリンコンサート＆トークセッション ………………………… 平成29年3月
- 御所東小学校教育で大切にする学び　W園、N園 …………………… 平成29年6月
- プログラミング教育とは ………………………………………………… 平成29年9月
    - 講師　立命館大学教授　高田秀志先生
- 保護者説明会 ……………………………………………………………… 平成28年5月
    - 平成29年5月、11月

― 学びを深める ―
○土曜学習　英語教室・読解教室・プログラミング教室

- 英語教室・読解教室 ……………………………… 平成28年5月〜平成30年3月
- プログラミング教室
    - 京都市立洛陽工業高等学校 ……………………………… 平成28年6月　2回
    - 京都市立京都工学院高等学校 ……………………………… 平成29年6月

― 絆を紡ぐ ―
○子どもの活動

- 親子遠足・クイズラリー …………………………………………… 平成29年　7月
- 「英語村」への訪問・体験 ………………………………………… 平成29年11月
- 親子ふれあいフェスティバル ……………………………………… 平成29年12月
- スポーツフェスタ御所東 …………………………………………… 平成30年　2月
- 高瀬川でホタルを育てよう ………………………………………… 平成30年 3月・6月

フィンランドの教育と読書

未就学児の保護者の方にも御所東小学校の教育を知っていただき、不安なく入学していただけるように、また保護者同士が交流を深められる場になるようにと計画。御所東小学校で重視する読解力についてフィンランドの教育を参考にお話をしました。

平成 28 年（2016 年）9 月 18 日

○文章構成や文章表現を重視するフィンランドの国語教育

　2000 年から 3 年ごとに OECD が実施している学力到達度調査（PISA）で、読解力が常に上位であるフィンランドを以前に視察。ヘルシンキ大学附属ヴィーキ・ノーマル小学校でメルヴィ・バレ先生の授業を参観し、国語教育について見解を伺いました。

　フィンランドの国語教育は、主に文章構成や表現様式を学ぶことに重点が置かれていました。教科書は説明文、物語文、生活文、作文道場で構成されており、小 3 〜中 3 までその教科書を使用。小 1・2 年生は語彙力、読書力に重点を置いているということでした。

　文部科学省は学力到達度調査（PISA）において、日本の生徒は自由記述問題の無答率が高かったことを受け「日本の国語教育は、文学的な文章の詳細な読解に陥りがちであった指導の在り方を改め、自分の考えをもち、論理的に意見を述べる力、目的や場面などに応じて適切に表現する能力や読書に親しむ態度を育てること」とこれまでの日本の国語教育と重点の置き方を変更しています。

　御所南小学校では読解力の育成について研究を進め、文章構成や表現様式を学ぶ「読解科」を立ち上げ、教材開発も行いました。読解力とは、問題解決に必要な情報を収集、抽出、選択し、その情報から筋道立てて考えたり判断したり、解釈・評価したり、さらに自分の考えが相手に伝わるように表現する力としています。

　御所東小学校においても読解力「自分の考えを相手に伝わるように論理的に表現する力、相手が伝えたいことをつかむ力」の育成を全教科等の学力の基盤として進めます。

○意見交流や考えを構築しやすいフィンランドの学習形態

　4 年生の国語の授業を参観。中高学年は 4 人グループで学習。一人の児童が意見（自分の考え）を発表するとその意見について他の児童が意見を述べます。司会の児童はそれらの意見の違いについて他の児童に意見を求めます。司会はただ意見を求めるのではなく、視点を明確にして意見を求めたり、それぞれの意見をまとめたりして進行します。最後に話し合った考えをまとめ発表し記録をします。この学習スタイルは自分の考えをしっかりもって発表し、友達の意見を聞くことで自分の考えを見直し再構築していくことができます。これまでも御所南小学校にて実施してきた学習形態でありますが、新学習指導要領で求められている「主体的・対話的で深い学び」を実現するために、御所東小学校でも大切な学び方として進めます。

○読書を重視するフィンランドでは、本の読み方を教える

　2年生国語（読書）の授業視察からメルヴィ先生の見解を伺いました。授業はまず家で本を読むところから始まります。本を読むポイントは、2年生で「主人公はだれか？」「一番好きなところは？」「どのようなできごとがあったか？」など9つの観点。「本を読むことは家庭でもできるが、家庭でできないことをするのが学校の授業である」とメルヴィ先生の言葉です。学校の授業では、読んできた本を2～3人で3つの観点で交流し、その後全体で交流します。本をいくつかの観点で読み、それを交流することで、読みが深まり、本を読むことの楽しさ、おもしろさを味わえるという非常に新鮮な授業でした。そして、子どもたちが初めて本を手にするときは、まず表紙を見て絵や題名から物語を想像します。絵を根拠にして物語を想像していくということは、「推論」という技術を身に付けることにつながります。

　御所東小学校においても読書を重視し、本の読み方を学び、想像力、推論する力をつけ、読書の楽しさ、おもしろさを味わわせたいと考えています。

　フィンランドの教育は、文章構成や表現様式に重点を置いて、自分の考えが相手に伝わるように表現する力、相手に伝わる文章とは何かを学びます。そしてその力をつけることで、相手が伝えようとしていることを読み取る力をつけること。つまり、相手が何を伝えようとしているかをつかみとる力を学力の基礎の一つとしています。御所東小学校においてもこの読解力を全ての教科等の基盤となると考え、国語の時間はもちろんですが「読解の時間」を年間15時間設定し、読解力の育成を図りたいと考えています。また、読書についても朝学習の時間（15分）、週2コマ「読書タイム」を設け、学年ごとに観点が書かれた「読書カード」を用いて読むようにしていきます。このような本の読み方は、本（筆者）が何を伝えたいのかをつかむ力を育てることにつながります。

セミナーに参加した人から

●「フィンランドの教育について初めて知り、とても興味深かった」「家庭でも本の読み方を教えて、より読解力を伸ばしていけたらと思います」「家庭での教育の仕方等、今まで本を読んで終わりだったのでとても参考になりました」「教育について熱い思いを聴かせていただきありがとうございました。定期的に開催されるようですので、参加させていただきます。これからの御所東小の教育方針を聞くことができてよかったです」「こうしたセミナーを開いていただいて大変喜んでおります。今後もこういった形で地域の方々やお子さんと交わる機会ができれば嬉しいです」「近所の方でもお会いしない方が多く、このような機会を作っていただき、ありがたいです」と、フィンランドの教育について興味をもっていただき、家庭でも活かしていただけるよう、また、参加者同士が教育の話を共有し、情報交換され、顔見知りを増やしていただけることも嬉しいです。

●「フィンランドの本に『批判的な思考』について書かれているのは、大変興味深く思いました。日本では大学に入るまでに批判的に思考し、議論する場が少ないと思います。社会では多くの課題に唯一の正解がないものが多く、いろいろな考え方があることにぶつかります。自分がどうしてその考え方をとるのかを考え、説明できる力が大事だと考えます。そのためには、異なる考え方をもつ人たちと議論する経験が必要であり、そういう訓練の場があるとよいのではと考えています」との意見にあるように、グローバル化を迎え、いろいろな人と議論をすることが必要になってきます。自分の考えを相手に伝わるように表現する力、相手が何を伝えようとしているのかをつかむ力が求められています。

国際社会で
生きる力を育むために

講師　ジェフ・バーグランド先生
京都外国語大学教授　御所東小学校アドバイザー

御所東小学校では、これからのグローバル社会を視野に「国際社会で生きる力を
つけた子ども」の育成をめざしています。英語を話せることはもちろんですが、
異文化コミュニケーション力をつけることがさらに大切であると考え、銅駝学区
にお住まいのジェフ・バーグランド先生に講演をお願いしました。

平成 29 年（2017 年）1 月 29 日

バーグランド先生のお話

　皆さんあけましておめでとうございます。1 月も 29 日というのになぜ「おめでとう」で
始まったのでしょうか？　それは昨日が旧暦のお正月だからです。日本はずっと旧暦で動
いてきました。そして千年以上お月様の動きで日本の文化をつくってきたのです。日本は
自然界との共存が一番根底にあります。それでは旧暦のお正月がどうして分かるのかとい
うと、一番日が短い 12 月 21 日の冬至から数えて 2 つ目の新月の日が旧暦ではお正月とな
るのです。
　今日は 2 つのテーマに沿ってお話をしたいと思います。1 つは「自文化」を知ること。2
つ目は自分を知った上でよそのこと「異文化」を知るというお話をしたいと思います。

自文化を知る

　自分の国の根底にあるものを知らずに自文化を知ることはできません。京都というまち
は風水を非常に大切にしてつくられ、鬼門にある比叡山に延暦寺を建て 1200 年以上守ら
れてきたまちです。日本人は自然界とのつながりの中で生活があったのですが、今では旧
暦も陰陽五行説や大安や仏滅などの六曜も薄らぎ、着物の着方も、ひょっとすると畳が無
い家が多いから畳のイグサの香りも知らないという人もいるでしょう。自分の受け継いで
いる文化の流れにもっと興味をもってほしい。英語を学ぶことは大切ですが、私が一番こ
の学校に期待するのは自文化（自国や身の回りの文化）を教える教育です。
　旧暦のカレンダーを見ると二十四の節気があります。二十四というのは 1 か月に 2 つの
節気、端午の節句や大寒、小寒などです。そのほかに七十二候があり、1 か月を 6 つで区
切っています。これらは奈良時代、中国から日本に伝わったものです。その中に「初めて
川魚が見える日」というのがあります。私は鴨川沿いに住んでいるのでよく分かるのですが、
冬は水が黒ずんで見える上、寒くて魚はじっとしているのでしょう。魚が見えません。春に
なるとちょうど今頃ですが、初めて魚が動きだすから見えるのです。いかに自然界を観察し、
自然界との関係で生きてきたかがうかがえます。これが日本人のベースなのです。

異文化を受け入れることはたやすいことではありません。異文化を受け入れることは自文化を知ることから始まります。それでは日本の文化を言語で見たとき、日本人にとっての言語は「非言語」であると私は考えます。日本人のコミュニケーションにとって必要なものは言語だけでなく非言語が欠かせません。言い方を変えると非言語そのものが日本の文化だと思います。もっと言えば日本の文化は人間関係中心文化と言えると思います。

　例えば、日本においてこんな会話は日常にありませんか？　「見た？」「うん、見たよ。」相手の顔や目の動きを見て交わす会話。こんな会話はアメリカではありえません。必ず主語と目的語をはっきりさせます。「Did you see it ?」「Yes, I saw it.」となります。日本語では何が主語で、何が目的語かを受信者が読み取らないといけません。一を聞いて十を知るという「受信者責任型文化」だと言えます。それに対し英語に限って話しますが、私の生まれたアメリカでは全くの逆で「発信者責任型」といえます。日本で育つのは受信力、場を読む、間を読む、胸中を察する。このような日本の文化の根底にある受信力を日本の子どもたちは養っていかないといけないのです。

異文化を知る

　自文化を知った次の段階は、もう１つのテーマである自文化でない文化に興味をもつことに進みます。国際社会の中で生きる子どもを育てるために、自分の文化と違う文化を知ることはとても大切です。ただし、知るということで終わるのではなく、違う文化を観察し、取り入れ、自文化と統合して、初めて国際社会の中で生きることができると考えます。その、観察 Observe、取り入れる Borrow、統合する Integrate の頭文字をとって「OBI」、日本の文化である着物の「帯」という言葉で覚えてください。

　例えば、砂漠の民族と出会ったら、彼らは挨拶で砂の中に唾を吐きます。唾を吐くということは、自分の体の中にある一番大切な水をあなたのために差し出すという意味なのです。世界にはいろいろな常識や価値観が存在します。違う文化を知り、観察し、取り入れたときから国際化は始まるのです。これまでの日本では「あの人は非常識な人」として排除していたかもしれませんが、非常識な人は常識を教えてくれますし、また違った価値観を教えてくれるのです。自分と違う人に興味をもつことから国際化は始まるのです。

世界一の受信力をもつ日本人

　日本人の受信者責任型文化というのは非常に人間らしい文化です。そして世界一の受信力をもっています。言い換えれば世界一のコミュニケーション力をもっていると言えます。でもこれからは発信力をつけなければいけません。その発信力を英語によってつけることに賛成です。日本語で受信し英語で発信する。これでこそ国際人、国際社会に生きる子どもが育っていくと考えます。

　京象嵌という工芸があります。これは 6000 年前、今戦争になっているシリアから始まりました。金と銀を他の金属に埋め込む工芸品で、京都ではそれを黒の漆に埋め込みました。漆を 7 回塗って黒の中から金と銀が光る葉っぱや花びらの形として浮かび上がらせる京象嵌として今に至ります。自分と違う人に興味をもち、違った価値観や常識が表れたとき、その違和感を妨げず、喜ぶことから異文化との交流は始まるのです。

御所東小学校に望むこと

　御所東の「御」とは一番尊敬を表す言葉。東は太陽が昇る「東」。この素晴らしい御所東小学校で子どもたちが自文化を知り、自分と違う異文化というものに対して、どんどん興味をもって知りたいことを正直に出せるような、そして違和感を楽しみ、喜ぶ子どもたちになっていただきたいと願っています。

参加いただいた方からの声

　「自文化を知るに共感しました。異文化の前に自己を知る、当たり前のことが第一歩、親子とともに踏み出すことが大切かと思いました」

　「自文化を知るのが大事という意見は賛成です。私自身も子どもの頃はずっと外国に住んでいたため、その国の人に日本ってどんな国と聞かれて（住んでもいないのに）、よく知らなくて困ったことがあります。子どもたちには京都のことを知って、好きになってもらいたいと思います」

　「ジェフ先生の講演会がとても興味深かったです。異文化を知るためにまず自文化を知るのが大切というのには同感で、英語活動もしながら日本文化、京都の文化を学ぶ機会を多くもてるような学校をつくっていけたらと思います」

　「ジェフ・バーグランド先生の講演会は自分を知る大切さを分かりやすく面白くうかがえました。異文化理解を基盤とした小学校に期待が膨らみました」

　自文化を知ることの大切さに多くの方が共感されました。大人も子どもも身の回りの生活文化、さらに京都や日本の文化を学び、異文化を知り、異文化を楽しむことの大切さを感じた講演でした。

セントラルパーク

ヴァイオリンコンサート
＆トークセッション

平成 29 年（2017 年）3 月 5 日

　児童や地域・保護者の方々に音楽を楽しんでいただき、同時に英語について考える機会をつくりたいと、「ヴァイオリンコンサート＆トークセッション」を企画。「ヴァイオリンコンサート」では、英語教室の講師でもあるヴァイオリニストの eRika さんの生演奏。また、地域住民からアイディアを募集し完成した御所東小学校「校歌」を参加者全員で合唱。「トークセッション」では、「どうすれば英語が話せるようになるか」というテーマで、海外経験豊富な英語講師のお二人から経験談をご披露いただき、子どもたちが英語を学んでいくにあたり、よきヒントになればと考えました。

ヴァイオリンコンサート

- ■ 演奏：ヴァイオリン　eRika さん
- ■ ピアノ伴奏：鈴木愛子さん
- ■ 曲名：・アイネ・クライネ・ナハトムジーク／モーツァルト
  - ・天国と地獄／オッフェンバック
  - ・クシコス・ポスト／ネッケ
  - ・チャルダッシュ／モンティ
  - ・ジュピター／ホルスト
  - ・御所東小学校校歌

○ヴァイオリン演奏の eRika さんから

　コンサートを開催いただきありがとうございます。普段ヴァイオリン演奏を通して想いを伝える仕事をしていますが、コンサートのテーマによって、同じ曲でも伝えたいことは大きく変わります。人前で演奏することは「想いを伝える」という意味では、直接的で分かりやすい仕事だと思いますが、どんな仕事でも、それは同じではないのかと思っています。

　初めて行ったニューヨークで、幼稚園を卒園したての私を一人前として迎えてくださったジュリアードの先生と、ヴァイオリンという楽器を通してお話ができたのを思い出します。小さな私なのに一人前のヴァイオリニストとして接していただきました。英語が全く話せないのに先生がおっしゃることがヴァイオリンのお陰で理解できたのを思い出します。トークセッションのテーマ「英語」も同じで、伝えたいことが一番大切だと思います。後は、とにかく焦らず、繰り返し継続することかと思います。

●参加者の皆さんから

　ヴァイオリンの音を近くで聴くことができ、とても素敵で感動しました。生演奏を間近で聴くなんて、忙しい毎日を送っている中での癒しの時間でした。子どもたちも先輩の姿が励みになりました。クイズ形式の曲紹介や参加型のコンサートで、満足度の高いコンサートとなり、最後にヴァイオリンの演奏とともに参加者全員で校歌を歌うなど楽しいコンサートでした。

トークセッション

○ 英語を話せるようになったのは？

◇中学校卒業後に渡米。アメリカに着いて早々、6週間のサマーフェスティバルに参加。たった一人でどうなるかと不安でしたが、そこでの経験で英語力が一番大きく伸びたと思います。

◆3〜7歳の間、アメリカで過ごしました。最初はジェスチャーで何とかやり取りするしかなかったのですが、ひたすら聞くことでだんだん分かってきました。学んだことは、分からなくてもへこたれないこと。

○ 英語で話せるようになるポイント

1. **英語をたくさん聞くことから**
   ・子どもはよく聞くこと。発音は口の筋肉の発達が進む幼少期から英語の音に慣れるとよい。
2. **恥ずかしがらず伝える**
   ・間違っても、とりあえず話してみる。英語しか通じない場所に1週間いると何かが変わる。
3. **本人がやりたいと思う姿勢**
   ・毎日の積み重ねが一番。英語に関心をもつときこそ英語の力が伸びるとき。
4. **英語に関心を高める環境づくり**
   ── 家庭でできること。親が子どものために何ができるか ──
   ・海外のニュースやディズニーのアニメをただ流す。親が一緒に聞くともっとよい。
5. **文化の違いを知る**
   ・日本と外国の文化の違いについても背景として知っておくのはベストです。

● トークセッションに参加された方々から

英語教育は小学校1年生からさせたかったので、新しい小学校の取組に期待しています。大変参考になるお話で、貴重な機会に感謝です。体験からくる英語の向き合い方は大変参考になりました。英語・読解教室のお陰で子どもの上達をとても感じています。

リスニングや発音については、学校でもイングリッシュルームを英語シャワーの場にしたいと思っています。オールイングリッシュで会話したり、英語のCDを聞いたりするなど工夫していきます。英語での関わりを楽しむことを大事にして……。

○ トークセッションの講師から

簡単な英語のやりとりは少しの学習で習得できますが、「文章単位でのやりとり」は日本語習得と同じように相当な量の単語と文章力、また正しい文法力が必要になります。単語力や文法力をインプットできる環境づくりは、放送されている音声や映像、または紙媒体を最大限に利用して、子どもたちに英語に触れる環境を家庭で増やしてあげてほしいと思います。そして小学生の子どもたちに最も大事にしてほしいのは、間違いを恐れず、英語に向かう姿勢です。また、英語は英語を母国語として話す人々とだけでなく、非英語圏に住む世界中の異なる宗教や文化の人々とのつながりを可能にします。充実した会話には母語である日本語での情報収集力と読解力が必要になります。自分の価値観にとらわれすぎることなく、異なる価値観を受け入れる姿勢も必要です。幼い頃からの日本語学習も大切にしてほしいと願っています。

御所東小学校教育で大切にする学び

平成 29 年（2017年）6 月 10 日 W 園
平成 29 年（2017年）6 月 15 日 N 園

　開校準備会のメンバーから幼児のおられる保護者に御所東小学校の教育が伝わっていないとの情報をいただき、また、年長の子どもたちや保護者が出会う機会がほしいという要望も届きました。未就学の保護者の方々に御所東小学校教育を知ってもらおうと W 園、N 園で「子育てセミナー」を開催させていただきたい旨をお願いしたところ、ありがたくも快くお引き受けいただき開催に至りました。このような機会を得て、幼児期に大切にしたいことやこれからの御所東小学校教育で大切にしていくことをお話ししました。

1 自然と関わり不思議、感動、神秘さ、思いやり、美しさ、感激を

　『沈黙の春』の著者として知られ海洋生物学者でもあったレイチェル・カーソンの著書『センス・オブ・ワンダー（神秘さや不思議さに目を見張る感性）』より、レイチェル・カーソンが甥のロジャーを育てる中で一緒に海辺や森を探検して、夜空や夜の海を眺めたり森の中を探索したりした経験をもとに書かれた作品を参考にお話しします。

　豊かな花や実を付ける木には、しっかりとした根や幹、そしてそれを支える根っこがあります。根は豊かな土壌によって育ちます。また、種子も肥沃な土壌で美しい花を咲かせます。この豊かな土壌にあたるものがレイチェル・カーソンのいう美しさや不思議に思う心、やさしさ、愛情、思いやり、感動、感激などであると考えます。森や海などの自然体験の中で育まれることが多く、幼児期の感受性が豊かなときにこそ大切にしたいことです。

○神秘さや不思議さなどの感受性を豊かに、新鮮に

　海辺の海岸では岩場の陰にカニや貝、小魚、ヒトデなどが生息し生き物の営みがあります。子どもはその動きに「何かいる！」「何をしているのかな」と興味津々で、カニが人の気配を感じすばやく岩の陰に隠れるとその速さに驚いたりします。また、森に探検に行き、小さな草花やキノコを見つけたりすると「かわいい」「色がきれい」と感激します。大きい木には葉が茂り、鳥のさえずりも聞かれ、枯れ葉の下から昆虫が現れると「形がおもしろい」「何という虫？」と興味をもちます。このような子どもたちの生き物との出会いの感激や不思議さ、行動に神秘を感じたりする感受性を新鮮に保つためには、「子どもの感激や感動を分かち合う大人がそばにいることが必要です」カーソンの言葉です。子どもが発見をしたとき「そうだね、かわいいね」「きれいな色をしているね」「よく見つけたね！」などと、子どもの好奇心に寄り添い、子どもと感動や感激を分かち合い、一緒に自然を感じ共有することです。そうすることで子どもは物事に関心を向け、見ようとする心が育つのではないかと考えます。

○幼い子ども時代は、土壌を耕すとき ──不思議・もっと知りたい！を──

　このような自然との体験を重ねることで、未知なものに出会ったときの感激、思いやり、愛情、美しさ、不思議などの感情や想いが湧き出てくると、その生き物についてもっと知りたいと思うようになります。そして図鑑や本で調べたりして知る喜びを味わうと同時に

新しい知識を獲得し、探究することの楽しさやおもしろさに気付いていきます。この「もっと知りたい！」を生み出す土壌となるのは豊かな感受性であり、幼児期にはこの土壌をしっかり耕しておくことが大事です。家庭でも植木鉢に種を蒔くと芽が出て、双葉になっていく様子を観ることでも不思議を感じるものです。また、木の芽やつぼみ、花、小さな生き物を虫眼鏡で観るとミクロの世界に触れることができ、発見があります。御所東小学校のすぐ近くには自然豊かな京都御苑があり、探検してよく観ると冬虫夏草やドングリの芽、セミの羽化などに出会い、発見の喜びを味わうことができます。このように幼い子ども時代の土壌を耕すには、大人も自然に関心をもち、意識することが必要だと思います。

　また、語彙を身に付けていくのもこの時期です。日が沈む様子を子どもと見ていて大人が「きれいな夕焼け」と言うと、子どもはその様子を「夕焼け」と覚え、同じような場面に出会ったとき「夕焼けだ」と言う。そうして語彙を増やしていくと考えます。感性が豊かなときにこそ大切にしたいことです。幼い子ども時代には豊かな体験をし、感じることを豊かにすることです。

〈参考文献〉『The Sense of Wonder　センス・オブ・ワンダー』　レイチェル・カーソン著　上遠恵子訳　新潮社

2　御所東小学校教育で大切にする学び

○豊かな土壌から確かな学びへ

　幼児期の豊かな土壌のベースがあると子どもは自分の身の回りのことに関心を向けることができ、「なぜ？」「不思議」と自分から関わろうとします。

　小学校においても体験を重視します。対象に関わりが生まれると「もっと知りたい」「なぜ？」「不思議」「調べよう」「探ってみたい」などと追究意欲が生まれ、皆で追究する課題を設定します。その課題について自分の考えを整理・分析し、友達と対話をして考え合います。その中で考えたことを言葉や文章で表現し、「なるほど」「私はこう思うよ」などと自分の考えを広げたり深めたりして考えを確かにしていくという学習展開をします。こうした探究的な学びは確かな学力につながると考えています。

　子どもの学びは「感動」「感激」「不思議」「神秘」などを感じる豊かな土壌において「もっと知りたい」という根っこを育て、友達と考え合うことで太い幹になり、「なるほどそういうことだったのか」「よく分かったよ」「こうしたらどうか」と花を咲かせ実を付け、大きな木に育つのではないかと考えます。御所東小学校で大切にしたい学びです。

○本の読み方を学び、読む楽しさを

　子どもは自分の身の回りのことから関心をもち、成長とともに関心の世界を広げていきます。それが大体１歳頃と言われているので、その頃から絵本が必要になります。絵本で言葉を覚え、それを活用できるまで何度も何度も読むことです。自分専用の本を持っているとよいと思います。親は子どもに１冊の本を何度も何度も読み聞かせ、寝る前にハッピーエンドで終わる物語を読み聞かせてよい気分で眠りにつかせ、想像力を膨らませるようにします。絵本の読み聞かせは子どもの語彙力を伸ばすだけでなく、想像力や親子の温かな心の交流を育みます。子どもが絵本に興味をもつようになれば、次は表紙の絵や題名から物語を一緒に想像するようにします。さらにどの場面が好きか、この先はどうなるか、などの観点で読みます。そうして本の読み方を学び、読む楽しさを味わうと自分で本を読むようになります。読書は文字言語で理解するので思考力、創造力につながります。また、読書を通じて友達ができたり人生に活かしたりするなど豊かな心を育みます。

プログラミング教育とは

講師　高田秀志先生

立命館大学情報理工学部教授 御所東小学校アドバイザー

新学習指導要領でプログラミング教育が導入されます。プログラミング教育について「どのようなことをする学習なのか？」と質問も多く、保護者の関心事であります。保護者対象のセミナーですが、子どもと一緒に演習を交えてお話をしていただくことにしました。

平成 29 年（2017年）9 月 16 日

　はじめに、2020 年度から必修化が決定している「プログラミング教育」が何をめざしているのかについて説明をした後、スクラッチ（Scratch）というソフトウェアを使って、パソコンの画面上に表示されているキャラクタに「お掃除ロボット」の動きをさせるプログラム作成を親子でチャレンジしてもらいました。

　プログラミング教育の目的は、「Facebook や Twitter のようなネット企業を興す」「ゲーム会社でゲームを作る」など、コンピュータに直結した IT 人材を育成することだけでなく、子どもたちが普遍的にもつ能力を引き出し、鍛え、伸ばすことにあります。すなわち、IT 企業で働くために「プログラミングを学ぶ」のではなく、「プログラミングで学ぶ」ことによって、将来どんな職業に就いても普遍的に必要な能力を育成することが目的です。

　プログラミングで学ぶ、言い換えれば、プログラミングを通して学ぶものの一つとして、「コンピュテーショナル・シンキング」という思考過程があります。これは、コンピュータの専門家がプログラムを作成する際に行う思考過程であり、2016 年度に文部科学省は「プログラミング的思考」という言葉で表現しています。プログラミング的思考とは、「自分が意図する一連の活動を実現するために、どのような動きの組み合わせが必要か。一つ一つの動きに対応した記号を、どのように組み合わせたらいいか。記号の組み合わせをどのように改善していけば、より意図した活動に近づくのか。といったことを論理的に考えていく力」と言い換えることもできます。

　プログラミング教室では、このような内容が体験できるように、お掃除ロボットの動きに指示を与える体験をしました。まず、スクラッチの「ずっと」「10 歩動かす」というブロックを使い、これだけでは、床であろうが、壁であろうが、とにかく前に進むだけなので、「より意図した活動に近づける」ために、壁に触れていれば前進しないように「もし〜なら〜でなければ〜」というブロックを追加してプログラムを改良します。さらに、壁に触れた

ら「バックする」「回転する」という動作を実現させ、本物のお掃除ロボットの動きに近づけるように指示しました。このような内容を4〜5年生と1〜3年生に分けて45分ずつ実施しました。

　子どもたちは、最初は戸惑いながらも少しずつ理解を深め、自分の想像した動きができると、大喜びで、時間はあっと言う間に過ぎました。「床の上を前進する」「壁に触れたらバックして回転する」さらには「ゴミを吸い取る」などの動きを順序立てて実現していく活動を通して、まず目標を立て、段階的にその目標に近づくことを体得することで、物事の全てにつながる段階的思考を獲得できます。それはどんな職業に就いたとしても普遍的に必要なものと言えます。

　プログラミングでは、「考える」「やってみる」「練り直し」の過程を短いサイクルで回すことができ、それを実践に移す姿勢を身に付けることができます。社会が高度化するに伴い、従来の知識伝達型の教育ではなく、未知の課題に対して考え、行動することができる資質・能力の育成をめざす「主体的・対話的で深い学び」を実現するうえで、プログラミングの活動は適しています。このプログラミング教育の目的を踏まえ、小学校の学習に取り入れていくことが期待されています。

保護者のコメント

○ プログラミングとはどんな学習か分からず参加、とても楽しく家でも一緒に取り組みたい。
○ 早期のパソコン教育に疑問があったが、これからの時代に必要かと……やらせたい。
○ 論理的かつゲームのように簡単に構築が学べ、遊び感覚でできるということを知った。
○ 学校の授業前にどんなものか知ることができてよかった。小学生が学ぶのかと驚いた。
○ プログラミング＝思考力・論理力教育とは素晴らしいが、遊びにならないことを願う。
○ スクラッチの動きを試行錯誤することで、いろいろな創造につながることを実感した。
○ プログラミング的思考は仕事の上でも必須な能力なのでありがたく、身に付けてもらいたい。
○ 新しい学校でこの授業を受けられることが嬉しく、必要性を実感し期待感をもちました。

保護者説明会

平成 28 年（2016 年）5 月 18 日／平成 29 年（2017 年）5 月 18 日
平成 29 年（2017 年）11 月 18 日

　開校の経過、教育方針、教育構想、小中一貫教育等、学校施設、時間割、学用品等については教育委員会の「開設準備室」から、学校運営協議会、通学の安全、開校に向けた地域の取組、ＰＴＡ活動については、地元組織の「開校準備会」のメンバーが説明をしました。平成 28 年 5 月 18 日の説明会は 1 年生から 4 年生の保護者約 70 名、平成 29 年 5 月 18 日の説明会は 1 年生から 5 年生（児童数 209 名）の保護者 101 名、11 月の説明会は新 1 年生の保護者も加えて 104 名の参加がありました。

○教育方針、教育構想等については、平成 27 年 3 月、6 月、10 月に開催された春日学区・銅駝学区の住民の方々、保護者の方々による意見交換会において、どのような子どもを育てたいか、どのような教育をめざすかなどについて、ワークショップ形式で意見を出していただき、それらの意見を踏まえ、また、新学習指導要領の主旨などを考え合わせ、御所東小学校の教育構想を「学校案内」「学校案内・別冊」にまとめました。御所東小学校のめざす子ども像や教育方針、育成する教育の 3 つの柱、それに加え 9 つの資質・能力を重点（本書 p.32 ～ 33）に位置付けた教育課程について説明を行いました。
　保護者の方から「お話を聞いてとても素晴らしい学校だなと楽しみにしています。新しい学校は、いろいろな試みを考えていただいているようで素晴らしいな、楽しみだなと思っております」「ここまで素晴らしい教育方針を整えていただき、本当にありがとうございます」「分かりやすい説明をありがとうございました。子どもたちが楽しんで学校生活を送ることができそうで安心しました」といった声をいただきました。また、「めざす教育の 3 つの柱と 9 つの重点が、どれもこれからの子どもたちに必要なことばかりであり、豊かで幸福な人生を歩むための大きな基礎となる内容だと感じました」「読解力、探究学習という御所南小のよい点を引き継ぎつつ、英語、プレゼンテーション、プログラミング教育という重要な要素に力を入れていただけるようで大変楽しみにしています」とご理解をいただきました。保護者、地域の方々と一緒に、子どもたちが夢をもってかがやく未来を創っていける学校でありたいと改めて思いました。

○ＰＴＡ活動については、仕事をもっておられる方も多い中、「できるときに、できることを……」というボランティア制の考え方を取り入れて、みんなで運営していくことや、

本部役員の公募、活動の中心となる専門部の「健康・安全部」「教養・文化部」「広報部」とその活動、見守り隊への協力依頼、バレーボール・コーラスへの参加者募集、「花いっぱいの御所東」の参加募集等について説明がありました。説明会終了後「ＰＴＡ本部役員に参加してもよい」と３名の小さい子もおられる保護者の方から申し出があり、開校前の準備から参加してもらうことになりました。世間的にはＰＴＡ活動の役を敬遠される方が多いという風潮の中、嬉しいことです。また、「準備会の皆様の力の入れ方がよく伝わってきました。御所東小に入学できることを楽しみにしています」「通学の安全等できる限り協力していきたい」「御所南小より小さい学校になるのでサポートしていきたい」と皆さんの温かい雰囲気が伝わってきました。ＰＴＡの準備会やその他の活動に際しても小さいお子様を連れて参加しておられる方が多く和やかな感じです。これは、御所東小学校の特色です。

〇校歌、校章、校旗の説明もあり、皆さんから「校章のデザインや校歌は学校の理念や思いととても合っている」「校章のデザインは素敵」となかなか好評でした。

英語教室・読解教室・プログラミング教室

平成 28 年（2016 年）5 月〜平成 30 年（2018 年）3 月

　御所東小学校へ通学予定の子どもたちが、学習を通して仲良くなれるように、また、御所東小学校で重点に置く英語教育、プログラミング教育、読解力の育成のため、土曜学習として、英語教室、読解教室、プログラミング教室を実施することにしました。

英語教室・読解教室 2 年間

- ・子どもたちが英語を楽しむことと、読解力を身に付けることを目的に。
- ・月 2 回第 2・第 4 土曜に実施。
- ・両学区の御所南小学校 1 〜 4 年生でスタート。年長児も参加したいという希望が多く、平成 29 年度から年長児も一緒に入ることになりました。
- ・英語教室の開催にあたっては、イギリスの大学院で英語教授法（TESOL）の修士課程を修了された保護者の方、御所南小学校の卒業生で海外経験豊富なヴァイオリニストにボランティアで講師をお願いし、読解教室はボランティアで元市立小学校の先生にお願いしました。
- ・英語に関しては、文部科学省の英語の研究指定を受けておられる学校に視察、授業参観をしたり東京都品川区の英語の取組を視察に行ったりして研修をしました。
- ・毎回の開催にあたっては内容の打ち合わせをして進めました。講師の方々には熱心に取り組んでいただきました。

○英語教室

　「伝わる英語」をキーワードに。子どもたちの将来を拓くきっかけとなるツールである英語をもっと身近にもっと前向きに取得するきっかけになればという想いからスタートしました。子どもたちにとって初めて接する英語ですから嫌いにならないよう「英語っておもしろい」「英語で話すって楽しい！」を軸に、歌や、絵本、カードゲームなどを使い、さまざまな活動を通して、好奇心をかき立て進めました。この教室で、とても大切にしたのは日本語にない特徴的な発音です。「発音を真似したら、それが英語 !?」子どもたちは真似が大好きだし、真似がとても上手です。発音もスポンジが水を吸い込むようにどんどん吸収してくれます。こんなエピソードがありました。ある方がうっかり話した英語がいわゆるカタカナ英語だったのですが、それを聞いた子どもたちがぽかんとして、全く反応をしなかったのです。子どもたちにとって、カタカナ英語は英語ではなかったようです。

　日本人はたくさんの語彙や知識をもっているのに話そうとしません。この原因は 2 つあると思います。1 つは発音に自信がない。もう 1 つは伝えたいことが明確でない。英語は「伝える」ために生まれた言葉です。将来、御所東小学校の子どもたちが英語特有の発音を獲得し、伝えたいことを明確に伝えられる楽しさを知ってくれることを願っています。とても大切な最初の一歩に携われてとても嬉しく、「口の動きが分かった」「発音の違いが分かった」「英語って楽しい」と嬉しい感想をいただき、素晴らしい経験に感謝しています。

○読解教室

　読解とは単に読書力を育てるのではなく「自分の考えを相手に伝わるように表現する力、

相手が伝えたいことをつかむ力」を育てることを目的にしています。そのため、教室では、メモ・新聞・物語文・感想文・意見文等さまざまな文章を読んだり書いたりします。また、友達同士で意見交流することで、自分とは違う考えを聞き、違った考えを知ることで、思わぬ発見に気付き、自分の考えを再構成する力や表現力が、身に付くように進めました。

2年目よりスタートした幼児の読解では、しりとりや語呂合わせなどの「ことば遊び」をテーマにした本を選び、まずは本への興味をもたせました。次の段階では子どもたちのイメージが膨らみ、それぞれが次の展開を予想する「お話の絵本」へと進めました。

2年生以上ではテーマに沿って文章を書くことを主にしました。ワークシートを作り、文章の要旨をとらえ、目的や条件に応じて理由や例を挙げて書き表すように進めます。文章の構成力や友達の書いた文章表現のよさにも目が向けられるようになり、文章表現の力が付いてきた手ごたえを感じました。

●英語教室・読解教室では平成29年（2017年）3月11日に保護者参観

保護者の方からは、新しい学校への不安が払拭され、人間関係がスムーズに形成されるよいきっかけになったとの感想をいただき、学習に対しては、丁寧な学習への感謝や、早くから英語に触れられたことへの評価もいただきました。

楽しみながら人間関係をつくり、友達や学校に慣れていく子どもたちの姿を見て、とても安心していただいたようです。

［英語教室への保護者の感想］

全てが英語で進められていて、とても驚きました。また飽きない工夫、全員参加型の楽しい授業、ネイティブの発音、非常にテンポのよい進行、小さいときから英語に触れられる機会。子どもが飽きずに参加していた理由がよく理解できました。テキストや音楽などを使って気持ちが途切れない工夫は見ていても楽しかったです。学年分けではなくレベルによるグループ分けや、さらに週1回やっていただけたらと願います。

このほか、英語教室の教材の工夫等について感謝してくださると同時に英語の発音等英語教育の難しさについても意見をいただきました。

［読解教室への保護者の感想］

読解は分かりやすい説明と、ゆっくりとしたペースでとても理解しやすく感じました。また、読解がどのような学習かを初めて知り、とても楽しく、よい機会をいただけたと感謝しています。家ではなかなか取り組みにくい英語・読解の教室に手軽に参加できてよかったです。限られた時間内でどんどん作文を書かせていただけたこと、どこがよくてどこを直せばよりよくなるのかヒントを与えてもらえ、いつか自分で気付けるようになればと思います。

絵本を読んだり文を書いたりする学習に興味をもって熱心に取り組む子どもたちの様子が見られ、子どもたちの成長を感じました。

○ 開校までの2年間、土曜学習として、英語教室・読解教室を開催。校舎ができるまでは地域の方が活用しているプレハブの教室で始め、机やいす等の学習環境も十分ではなかったものの、参加者は英語や読解に熱心に挑戦してくれました。平成29年度からは保護者の要望もあり、年長の子どもたちも参加をすることになり、興味いっぱいに取り組む姿にこちらが驚くほどでした。講師の先生方に感謝いたします。

子どもたちも友達と一緒に学習することを通して新しい友達のことを知る契機となり、開校前に友達づくりができたことも大きな成果だったと思います。英語教室及び読解教室は土曜学習で継続して実施しています。

○プログラミング教室

　新学習指導要領で導入される「プログラミング教育」を子どもたちに体験させたいとの意見が多数あり、京都市立洛陽工業高等学校・京都市立京都工学院高等学校のコンピュータ部の生徒さんを中心に教えていただきました。この生徒さんたちもまた、自主的にNPO法人主催の研修を受け、高田先生や大学生からも熱心に受講されていると伺いました。

平成28年（2016年）6月4日・18日　洛陽工業高等学校

「Scratch を使ってオリジナルゲームを作ろう！」

　高校生が資料を作成し、教え方を確認するなどの準備を整え、丁寧な説明で小学生に教えていただきました。事前に研修会にも積極的に参加し、小学生に分かりやすい工夫をしていただきました。

平成29年（2017年）6月17日　京都工学院高等学校

「車型ロボット（レゴ® マインドストーム® EV3）を制御するプログラミング教室」

・タブレット PC を使って、車型のロボットを動かすプログラミングに挑戦
　　①ロボットの動作の組み合わせを考えプログラミング　②実際の動きを見てプログラムを修正
　　③工夫して製作したロボットの発表会
・総勢16名の高校生で進行。二人に1つの車型ロボットを操作。全体説明と個別説明の二班に分かれ、子どもたちからの質問に丁寧に答えていただいた。

○児童から

　プログラミングはとても楽しく、この高校に入りもっと学びたいと思った。ロボットを自分たちで作り、思い通りに動かせてとても楽しかった。自分でやりたいことを決めてロボットを作れたことやコンピュータで物を動かせることに驚いた。ロボットは自由に何でも動かせると思ったが、そうでもなく、頭を使って動かすということに気付いた。

○保護者から

　実際にレゴでつくったものを動かしてみるというおもしろい企画。ある子どもは筆箱の中に鉛筆を入れることを目標とし、レゴで作ったブルドーザーに鉛筆を運ばせ、筆箱の中に鉛筆が転がって入るように手の部分を回転させるという動作を根気強く何度も繰り返していた。

　そうかと思えば可動するレゴで作ったブルドーザーに自分が座るキャスター付きの椅子を押させて部屋の中を自由に移動させていた。これは小学生ならではの自由な発想だったようで高校生もとても驚いていた。子どもたちの発想のおもしろさ、自由な発想に刺激を受けた1日だった。

○「プログラミング的思考」とは

　自分がやりたいことを実現するために、動きの組み合わせを考える。次は動きに対応した記号をいかに組み合わせたらいいかを考える。よりよい動きにするため、記号の組み合わせを改善する。最初に意図した動きに近付けるために試行錯誤しながら実行する。その実行のプロセスを考えることを「プログラミング的思考」と言う。

親子遠足・クイズラリー

　平成27年度第1回意見交換会で、子ども同士が仲良くなれる「子どもの活動」をしてはどうかという意見が出ました。各学年が6クラスあった御所南小学校では、同じ学年であっても、また同じ地域であっても顔も知らない子どもたちもいます。そのため、御所東小学校に通学予定の児童を対象に両学区で「子どもの活動」を実施することにしました。また、平成28年度の第1回意見交換会では、就学前の家庭には御所東小学校の情報が十分行き届いていないことが分かったことで、未就学児も含めた活動をしてはどうかという意見が出ました。地域ぐるみで学校づくりをしていることを知ってもらえるチャンスでもあり、未就学児も参加でき、親子でも参加できるような活動を企画することとなりました。そして保護者から希望が多かった「HELLO Village ─英語村─（京都市立日吉ケ丘高等学校）」での体験も実施しました。

平成29年（2017年）7月23日

「親子遠足・クイズラリー」

　学校の西側に広がる自然豊かな京都御苑。散歩をする方も多く、休日には親子のグループが遊んだり話をしたりするなど憩いの場となっています。苑内には多くの（500種以上）の植物がみられます。マツ、ケヤキ、イチョウ、サクラ、シイ・カシ類、ウメ、モモなどの樹木。スミレ、タンポポ、キノコ類の植物。アオバズク、ゴイサギなどの鳥類。トンボ、チョウ、セミなどの昆虫など、多彩な生き物が生息している自然の宝庫です。3年生の総合「こころ」では、この京都御苑をフィールドに「ふしぎ発見！ 御所の森」の学習を予定しています。今回、この自然豊かな御苑で親子遠足・クイズラリーを実施しました。

> ### 京都御苑でチェックポイントを回りクイズラリー
> ・チェックポイント…寺町御門 ➡ 桜町 ➡ 堺町休憩所 ➡ 白雲神社前 ➡ 出水の小川
> ・出発時に、用紙にクイズ番号を記入して渡す。それぞれのポイントに、平仮名を貼り付けておき、並び替えると単語になる仕組み。（高学年は文章）
> ・それぞれのポイントをめざし、親子でクイズを考えながらのラリー。
> ・準備会のメンバーがチェックポイントにスタンバイしたり皆さんの様子を見回ったりするなど役割分担をして進めた。
> ・ラリーの後は、木陰で涼しい「出水の小川」付近にて親子でお弁当。

親子、保護者などの交流が深まり広がったクイズラリー（担当スタッフ）
　子どもにとって一筋縄ではいかない「言葉の並び替え」クイズは少し難しかったようですが、それが功を奏し親子の奮闘ぶりが見られ、親子交流は見事に盛り上がりました。参加者の皆様の笑顔や和やかな談笑の姿は、企画した私たちが反対にエネルギーをいただけた気がします。参加者の親子同士が仲良く話をしながら歩いているのを見て、親御さん同士の交流、親睦も図れたと思います。親子で相談しながらクイズに挑戦する姿は微笑ましく、お昼は他の家族とお話をするなど、とてもよい雰囲気で楽しく嬉しい半日となりました。また、会議では顔を知っていても会話を交わすことがなかった準備会のメンバー同士でも話が進み、交流を深めるよい機会となりました。

「英語村」への訪問・体験

平成29年 (2017年) 11月4日

HELLO Village ―英語村―（京都市立日吉ケ丘高等学校）

　保護者から多くの希望があった英語村へ訪問。この「英語村」（HELLO Village）は平成27年度、京都市立日吉ケ丘高等学校の生徒一人一人の英語力向上を目的に校内留学施設として開設。英語での体験学習やゲーム、おしゃべり、小学校との交流や一般市民対象のアクティビティが行われます。英語村ではクリス村長をはじめALT（外国語指導助手）が進める英語シャワーの中、まるで外国にいる雰囲気。伺った時期がちょうどハロウィンの期間で楽しい活動ができました。

テーマ「ハロウィン」 村長さん、ALTや学生ボランティアの方で企画運営。

◆クリス村長のお話
- ・ ハロウィンの概要とアメリカやカナダでのハロウィンの過ごし方。
- ・ 英語をめいっぱい使って、ハロウィンにちなんだゲームや活動をします‼
- ・「Trick or Treat」と言ってくれたら、先生からプレゼント‼

◆ゲーム
4つの班に分かれてゲームブースを回ります。ゲームのルール説明も全て英語。子どもたちはハロウィングッズをつけて、紙袋を持ってゲームに挑戦。"Trick or Treat" と言えばお菓子をゲット。ゲームが終わると紙袋にはお菓子がいっぱい‼
① The witch's challenge
　目隠しをしてマシュマロ・ゲット・ゲーム。指示は Go straight! or Left! or Right! 後半はリンボーダンスのような棒くぐり遊び。
② Mystery words
　英文字が並んだカードの中に隠れている単語発見ゲーム。
③ The monster lab
　オリジナルお化けを描こう！「頭はいくつ？ 目の数数えて！」ALT の英語の質問が楽しい！
④ Pumpkin ring toss
　巨大カボチャのヘタに輪投げ！ 先生とじゃんけん！ 勝って投げるチャンスを増やそう！

◆ジャック・オ・ランタンづくり
大きなカボチャに目や鼻、口を描いて、くりぬけばランタンの出来上がり。飾りをつけて子どもだけでも40分〜50分で完成。

◆クロージング　ふりかえり　記念撮影
「たくさん英語が話せて楽しかった」と子どもたち。ALT からは「英語を使い続けてほしい。また英語村に来てね」と、最後まで英語のシャワーを浴びました‼ ハロウィングッズをつけて異文化に紛れ込んだ素敵な1日でした。

英語で楽しく過ごした HELLO Village ―英語村― での英語シャワー体験（担当スタッフ）
　オールイングリッシュの1日体験。子どもたちがこれほど自然に英語に親しみ、楽しめる企画があるのかと驚きました。戸惑う子どもにALTの丁寧な声かけで小さな英語留学を経験しました。
　ほとんどの子どもたちはランタンを作るのは初めてです。一生懸命カボチャをくりぬき、ジャック・オ・ランタンが完成したときの嬉しそうな顔‼　こんな素敵な活動を企画、運営してくださり感謝します。嬉しい感想がいっぱいでした‼

親子ふれあいフェスティバル

平成29年（2017年）12月2日

　新校舎もでき、新しい校舎の一室で実施した「親子ふれあいフェスティバル」。初めて新校舎に入る方もあり幼児の参加もあり、とても多くの方々に参加いただきました。それぞれの活動には多くのボランティアの協力を得て「バルーンアート体験」「マジックショー」「ふろしきの包み方講座」の3つを開催。子どもたちはそれぞれの班に分かれて約30分ごとに体験しました。

◆バルーンアート体験
　学生ボランティアの方からバルーンで、犬やうさぎ、刀、花などの作り方を教えてもらって、自分でバルーンづくりに挑戦しました。友達と「ふうせん刀で時代劇」一番人気のあったのは刀でした。

◆マジックショー
　おなじみのBGMにのせて、トランプなどのカードマジック、傘を使ったさまざまなマジックを披露。子どもが参加できる工夫もあり、不思議な世界に親も子もくぎ付けになった時間でした。

◆ふろしきの包み方講座
　ふろしきの結び方やペットボトルの包み方を体験。さらに帽子やリュックサックの作り方、ふろしきを使った遊び等、さまざまなふろしきの使い方を教わりました。

日本の生活の楽しみ方、知恵や工夫を体験 （担当スタッフ）

　普段あまり体験したり経験したりすることがない活動を探し、興味をもって楽しんでいただけるものをと企画しました。しかし、3つのブースに分かれての開催は想定通りとはいかず、演者のために準備したものが微妙に違っていたり、慣れないためにバタバタした運営が少し悔やまれます。

　それでも、子どもたちの嬉しそうな顔や活気で新校舎は賑やかな場となり、大人も子どもたちと一緒に参加でき、また他の保護者と話せるよい機会となりました。

　保護者の方々、地域の方々に新校舎に足を運んでいただくことができ、新しい学校への実感と期待、新校舎への親近感と愛着をもっていただけたと思います。

スポーツフェスタ御所東

平成30年（2018年）2月27日

　体力は活動の源であり、健康や意欲、気力にも大きく関わり子どもの成長を支える基盤です。今、子どもの体力が低下傾向にあり、体力の向上が課題となっています。そこで、子どもたちの体力の向上のため、体を動かし楽しめるように、また、スポーツを通して子ども同士が交流を深められるようにと、新しい体育館で初めての「スポーツフェスタ御所東」を実施しました。

> ◆お兄さん、お姉さんと一緒！
> 　二人三脚では、低学年と高学年が二人組になって競争。高学年が低学年に丁寧にやり方を教えたものの、なかなかうまくいかず悪戦苦闘する組もありました。
> ◆チーム対抗リレー
> 　赤組、黄組、緑組、青組の4色リレー。年長児も参加し「もっとリレーをやりたい!!」と言って担当者を困らせたりと、大いに盛り上がりました。
> ◆カーリング
> 　2チームずつで対戦。学年に関係なく、得点の大きい輪にボールが入ると体育館中、歓声があがり大喜びでした。

力いっぱい競技を楽しみ、交流を深めたスポーツフェスタ！（担当スタッフ）

　子どもたちから「もっとやりたかった」「また、やってほしい」「リレーでチームが勝った!!　嬉しかった」「おもしろかった」「楽しかった」と嬉しいコメントをいっぱい聞いて、大成功で無事終了と胸をなでおろしました。子どもたちは本当に体を動かすことが大好きです。一生懸命な姿が今も歓声とともに心に浮かびます。

　運営のリーダーさんが工夫してくださった3つの種目。「二人三脚」「リレー」「カーリング」どれも安全安心で、和気あいあいと楽しめる競技で大好評でした。

　「子どもたちは元気いっぱいで、休憩時間も休むことなく鬼ごっこやかけっこで、思いっきり体を動かします。スポーツを通じた交流の場は見事に成功しました。子どもたちへのご褒美は京都のお菓子。大人へのご褒美は子どもたちの楽しそうな笑顔。これこそ、一番のご褒美だったと思います。」と、参加した保護者から感想をいただきました。

　子どもたちの精いっぱいの競技や応援の様子を見ているうちに、大人にも一体感が生まれました。今までに経験したスポーツフェスタとは一味違う御所東特有の企画ができないかと考えました。小規模である御所東小だからこそできる競技は？　上級生と下級生が仲良くなることが叶う競技の方法は？　学年を超えて連帯感をもてるような競技を楽しんでもらうには？　あれこれ考えました。そして、体育館に響き渡った歓声がその答えでした。スポーツフェスタの成功は想像をはるかに超え、いろいろなことを私たちに教えてくれました。

　「この子どもたちなら、必ずいい学校にしてくれる」私たちの期待は確信に変わりました。

高瀬川でホタルを育てよう

平成30年（2018年）3月24日・6月9日

○ 学区を流れる高瀬川は、江戸時代初期（1614年）に角倉了以・素庵父子によって開削された運河であり、伏見から京都の中心地に物を運ぶためのものでした。物を運ぶのに多くの舟（高瀬舟）が行き交い大いに賑わっていました。水は「みそそぎ川」（鴨川の分流）から取水しています。運河としては大正9年まで約300年間続いたそうです。

　高瀬川沿いの桜や紫陽花がとても美しい。以前から学区住民が高瀬川の清掃活動をするなど高瀬川の環境保全に力を注ぎ、ホタルの生息にも取り組まれています。学区では3月にホタルの幼虫を放流します。「ホ、ホタル来い」、成虫になる6月頃に「ホタル観賞会の夕べ」が企画され、子どもたちも参加することになりました。子どもたちは、高瀬川の「一之船入」付近で高瀬川に入り、保護者とともにホタルの幼虫と餌になるカワニナを放流しました。ホタルの幼虫を初めて見る子どもも多く、その形状に驚いていました。学校でも幼虫を育てるそうです。

○ 4年生は、総合「みらい」の学習で「わたしたちの高瀬川」の学習をします。高瀬川や高瀬川に携わる人との触れ合いを通して、川と環境、それらと自分の関わりについて探究します。これからの学習の中で地域の方にお話を聞くなど協力をしていただき、この高瀬川の探究学習の中で、何ができるかを考え、実践していきたいと考えています。

自然の不思議に興味・関心をもつ契機に

　子どもたちにとっては、長靴を履いて高瀬川の中に入っていくだけでも楽しいできごとです。ホタルの幼虫を初めて目にしてかなり怖がっていましたが、それでも紙コップで高瀬川に放流することができ、貴重な経験をしました。ホタルが成虫になって高瀬川で光るのが楽しみです。また、御所東小学校でも育てていく予定で、その育てた幼虫を放流することも楽しみです。このような貴重な体験が、自然の不思議に興味をもつ契機となればと願っています。学校で育てていた幼虫は、一匹だけですが6月に成虫になり感激しました。

子どもの活動に参加した方からの意見

◆ イベントに参加したことで、子どもの友達への見方が変わりました。学区が同じ学友でも御所南小学校へ行けば大勢の中の一人です。「ただ知っている子」という見方だったのが、今後「同じ学校に通う子」として共通意識をもって接するように変わったのです。小さなトラブルでも自分から解決しようとしたり、話しかけていくようになりました。そして、開校後、クラスが分かれていても関係なく皆が交じって一緒に遊んでいると聞き、開校前にいろいろな企画をしていただき、相手を知ることができたことや同じ体験ができたことが、ここにつながっているのだなと感じています。

◆ 私の上の子は、消極的な子なのですが、御所東小学校に関わる行事に積極的に参加していました。とても楽しみにしているのがよく分かりました。活動を通してかなりの数の子どもたちの名前を覚えることができたのです。子どもたちの方から挨拶をしてくれる子もいて、学校が身近なものに感じられるようになりました。

◆ いずれも、一生懸命準備をしてくださって、その気持ちが伝わってきました。新しい学校に行かなければならなくなるという不安な気持ちに寄り添っていただき、地域の子どもたちへの愛情の深さを感じました。いい地域だと実感でき、親の不安が和らぎました。親子で交流ができ、開校前に顔見知りができたことも安心材料になり、開校後もそのときの出会いのおかげで知り合いができて本当によかったと思っています。

PTA活動

−できることをできるときに……新しいPTAをめざして−

新しい学校を創り、新しいPTAを創る。全てが初めての経験。

明治時代、日本に近代的学校が導入された際、各学校の設立にかかる費用と、維持費は地域住民の負担を原則としていました。学校運営は決して潤沢でなかったことから、金銭的・労務的負担軽減のために児童生徒の保護者、学区の住民によって支援することを目的として発足した任意団体がPTAの原型といわれています（例：育友会・父母会）。戦後は、PTAの名称が主流となりました。「Parents and Teachers Association」の略で、親と教職員がスクラムを組む組織です。保護者と教職員は誰のためにスクラムを組むのでしょうか？その中心はもちろん「子ども」です。それも単なる「我が子だけ」ではなく、学校に通う「全ての子どもたち」です。保護者と教職員が「子どもたちの健やかな育ち」にとっての最善を常に考え行動する任意の組織。それがPTAです。〈参考〉『京都市PTAハンドブック』

いつの時代にも根底に流れる「地域の未来であり宝である子どもを育てる」の理念のもと、保護者と教職員が学び合い、教養を高め、家庭、学校、地域に還元し、児童生徒の健全な発達に寄与する活動が展開されています。

平成27年度から平成28年度までに3回、「意見交換会」でPTA活動の意見交換を行い、現代の保護者を取り巻く状況を鑑み、御所東小学校のPTAの在り方を模索しました。準備会のPTA担当は、「子どもたちの学校生活がよりよいものになるために、保護者も楽しめるPTA活動」を目的に、「できることをできるときに」とボランティア制を積極的に導入することや、PTA組織については御所南小学校を参考に、クラス委員を最小限にして専門部会を構成。専門部会は「健康・安全」「教養・文化」「広報」の3部会とする。また、御所東コミュニティとの連携を考え、クラス委員とは別にコミュニティ委員を選出することなどを提案しました。

その結果「できることをできる人ができるときに」というボランティア制を導入。義務の押し付けでなく、いつも楽しくPTA活動ができることを一番に掲げました。さらに御所東小学校がめざす子ども像「探究する子・ひらめき」「挑戦する子・夢」「やさしく、たくましい子・笑顔」を保護者、地域で共有し、未来をつくる子どもを育成するためのPTA活動であることを認識し、保護者が感謝をもって活動に参加したいとしています。

「専門部会の活動を考えることも大事だが、PTA全体でできる活動を考えたらどうか」という意見もあり、早速、開校前から地域とも連携し「花いっぱいの御所東」などを始めた結果、保護者も「地域の方々の顔が見え、全く知らなかったPTAのメンバーと交わったことで、開校を心待ちにするようになっていった」と期待しています。今後も、みんなで創る楽しさを継続できるPTAをめざしていきたいと考えます。

通学の安全
－地域で考え、区役所、警察も巻き込んで－

　通学中の子どもたちが巻き込まれる、痛ましい事故や事件が全国で相次いで発生している昨今、学校はもとより保護者にとって、子どもたちの通学の安全確保が大きな関心事となっています。

　御所東小学校では、開校準備会に通学安全部会を設け、平成27年3月に始まった意見交換会で通学路に関するワークショップを実施し、地域住民だからこそ分かる通学上の危険箇所を出し合いました。これをもとに開校準備会では、暫定通学路を作成し、「プレ登校」を行いました。平成28年9月から10月にかけての3日間、土曜日の朝に保護者と子どもで自宅から御所東小学校まで暫定通学路に沿って歩いてみるという取組です。40組を超える参加があり、実際に歩いた方からの意見を聞き取りました。

　これらの意見や、自治連合会が独自に実施したまち歩きでの意見なども踏まえ、暫定通学路を見直し、平成29年11月の保護者説明会で推奨通学路を示しました。

　さらに、開校準備会で「見守り隊」を編成する方針を決定。学校のある日は毎日、登校時は主としてＰＴＡに、下校時は主として自治連合会の方々に主な交差点に立っていただくこととなりました。通学路で、見守り隊の方々に一目で御所東小学校の児童と分かるよう、開校準備会でデザインを検討した緑色の通学帽を制作し、子どもたちに配布しました。

　また、正門前の通りが寺町通から河原町丸太町の交差点への抜け道になっており、登校の時間帯に、車両通行止めにできないかとの意見が上がりました。自治連合会や町内会が説明会を開き、その通り沿いにお住まいの方々の理解を得て要望書を警察に提出し、通行止めが実現しました。さらに、子どもたちが不審者に遭遇したときに逃げ込める「こども110番の家」についても地域から声掛けをしていただき、新たに多くの店舗などに登録いただけました。

　こうして設定した通学路は、上京区役所と中京区役所の協力を得て、見守り隊の立ち位置や「こども110番の家」の場所、通学の際に注意すべき箇所なども盛り込んだマップにして、子どもたちや地域の方々に配布しています。

　開校直前の平成30年3月には、警察の方を講師に、子どもたちを対象にした「通学安全教室」とＰＴＡや地域の方々が交差点での誘導方法などを学ぶ「通学安全講習会」を開催。子どもと保護者、地域の方々で「登下校シミュレーション」も実施しました。

　こうして多くの方々が準備に携わり、多くの方々に見守られ、子どもたちの通学の安全が確保されています。

御所東コミュニティ
−未来のよき市民（町衆）を育てよう−

　御所東小学校では、開校前の教育構想検討段階から保護者や地域住民が参画し、新しい学校づくりに取り組んできました。意見交換会で熟議し、「よい学校にしよう」とさまざまな活動を企画・運営した結果、地域の方、保護者、子どもたちが教育理念や活動の意義を共有し、地域に関心を抱き、学校に愛着をもつようになりました。子どもたちは活動を通して「よい学校にしよう」という大人の想いを感じ取り、やがてその想いを引き継いでくれるものと思っています。この持続的な発展こそが「真のコミュニティ・スクール」たる所以です。

○御所東コミュニティがめざすもの

　地域を慈しみ、学校を愛する御所東コミュニティでは、皆様の想いや願いが込められた教育目標「笑顔　夢　ひらめきいっぱい御所東」の実現に向けて、学校と地域、家庭が一体となって考え、共に行動することで未来のよき市民の育成をめざします。

　このような真のコミュニティ・スクールである「御所東コミュニティ」は、「地域が好き」「学校が好き」な大人が「地域が好き」「学校が好き」な子どもたちを育成したいと願っています。

○御所東コミュニティの構成

　御所東コミュニティは、「学校運営協議会・理事会」と「企画推進委員会」で構成します。学校運営協議会・理事会では、主に学校運営の基本方針についての承認や学校の自己評価に基づく地域・保護者による学校関係者評価（年2回程度）、企画推進委員会による学校支援活動の報告、学校の課題解決を図るなどします。

　企画推進委員会は「地域コミュニティ委員会」と「学びコミュニティ委員会」の2つの委員会と8部会で構成し、学校教育方針の重点課題に即した観点から活動内容を考え、子どもの活動を企画・運営します。

　ご意見番の側面をもつ学校運営協議会・理事会と応援団の側面をもつ企画推進委員会では、いつも熱心な話し合いと、生き生きとした活動がなされています。

○地域コミュニティ委員より

　よりよい学校を創るという当初の意識が薄れないようにするコツは、あまり力を入れ過ぎずに普段の活動が当たり前のようになることだと考えます。それぞれの地域をよりよいものにする、将来自分たちが後を引き継いでいく、そのことがひいては真のコミュニティ・スクールの発展の礎にもなるとの意識を子どもたちにもってもらえるよう、常日頃の活動を大切にしたいと思います。

　「地域の大切な宝は地域で育てる」そんな当たり前のことに真正面から取り組んでいるコミュニティ。子どもたちの視点は常に新鮮で、多くの気付きを与えてくれます。きっと育てられているのは、我々大人なのでしょう。コミュニティをきっかけに、子どもたちが地域に関心をもち、地域を好きになってくれればと思います。

組織図

御所東小学校

地域とともにある学校・コミュニティ・スクール

笑顔　夢　ひらめきいっぱい御所東

御所東コミュニティ

学校運営協議会
理事会

委員…学校運営協議会会長・副会長、PTA会長、各部代表、学識経験者

企画推進委員会

地域コミュニティ委員会

——— 構成 ———
●委員　●学校
●地域諸団体から

——— 内容 ———
●地域に学ぶ、地域で学ぶ
地域を知る等の視点から
活動を企画・運営

学びコミュニティ委員会

——— 構成 ———
●委員　●学校
●PTAから12名

——— 内容 ———
●豊かな体験を通して
楽しく学ぶ視点から
活動を企画・運営

- 安全・防災部会
- 運動・健康部会
- 地域の歴史部会
- 福祉部会
- 幼・小・中4校1園部会
- 芸術・科学部会
- 自然・環境部会
- 国際部会

未来のよき市民（町衆）を育てよう

《未来の地域の担い手》

京都御池中学校ブロックへ

近隣地域に広がる学問の府

　京都御苑の学習院跡をはじめ、御苑北には和歌を伝承する冷泉家、創立 143 年の同志社大学、清和院御門を出ると紫式部が暮らした廬山寺がある。江戸時代後期には儒者、頼山陽が思索に耽った山紫水明処が東三本木で営まれ、まさに学問の府というべき地域である。明治時代以降、春日学区、銅駝学区は我が国最初の学区制小学校、番組小学校を創設。寺町通には同志社の創立者、新島襄の旧邸が現存。広小路には明治 34 年から立命館の前身である京都法政学校があり、その後、立命館大学として昭和 56 年までこの地にあったことを記す記念碑がある。現在は府立医科大学の図書館と府立文化芸術会館になっている。明治 5 年、丸太町橋西詰に、日本最初の女学校、新英学校及び女紅場が開校。その後、寺町通丸太町上るへ移転し、大正 12 年には京都府立第一高等女学校に、昭和 23 年には京都府立鴨沂高等学校となり現在の地に至る。

大本山廬山寺（廬山天台講寺）

　この地は紫式部の曽祖父、中納言藤原兼輔（877 ～ 933 年）の邸宅であった。紫式部はここで誕生し藤原宣孝と結婚、一人娘の賢子と共に暮らした。結婚後 3 年で夫と死別。その現実から逃れるように『源氏物語』を書いたと言われている。光源氏を通して、平安時代の貴族社会を描いている。

　廬山寺は元三大師良源が 938 年に船岡山の南麓に開いた與願金剛院に始まり 1245 年、出雲路に廬山寺として開山。その後、正親町天皇の勅命を受け1573 年、紫式部邸跡に移転し今日に至る。

学習院跡立札 10

女紅場跡 17

廬山寺 12

源氏物語「若紫」（住吉廣尚作 廬山寺所蔵）

立命館大学

立命館大学は御所東小学校の近くで産声を上げた。明治時代に文部大臣を務めた西園寺公望の秘書官、中川小十郎は明治 33 年、鴨川沿いの東三本木にあった料亭清輝楼の 2 階、3 階で京都法政学校を創設。京都法政学校は翌明治 34 年、広小路河原町に移転。明治 37 年に私立京都法政大学となり、大正 2 年に私立立命館大学に改称。立命館の名前は、明治 2 年に西園寺が京都御所内の自邸で始めた私塾立命館に由来。中川は西園寺の思いを受け継ぎ立命館とした。その後、北区衣笠の地に移転。東三本木の清輝楼跡には立命館草創の地の碑がある。

立命館大学広小路学舎記念碑 13

京都府立医科大学

河原町広小路の東側、鴨川にかけての一帯と立命館大学移転後の跡地を合わせ、現在、京都府立医科大学と附属病院がある。

その前身は明治 5 年、木屋町二条下るに開設された京都府立療病院と医学校である。外国人医師による診療と教育が行われ、京都の近代医療、医学教育の先駆けとなった。療病院の名称は聖徳太子が創設したといわれる四箇院制度（敬田院、施薬院、療病院、悲田院）から命名。現在、御池大橋西詰の北側に療病院跡の碑が立っている。

京都府立医科大学 14

明治 13 年、現在地に移転。明治 36 年に京都府立医学専門学校となり、大正 10 年に京都府立医科大学となった。

同志社大学・冷泉家

同志社の創立者、新島襄は、幕末、我が国の将来を憂い、国禁を犯し脱国。アメリカで 10 年に及ぶ留学生活を送り、明治 7 年キリスト教の宣教師となって日本へ帰国。キリスト教の宣教と大学の設立に生涯を捧げた。

新島は、京都府参議を務めていた山本覚馬と運命的な出会いをし、京都での学校設立を懇願され山本とともに、京都での学校設立を決意。

同志社大学 4

江戸時代、信仰を禁止されていたキリスト教は、明治時代になってようやく信仰を認められるようになったものの、京都には多くの寺社があり、キリスト教を教える学校の設立は僧侶や神官から猛反対を受ける。新島は校内でキリスト教を教えないことを約束し、明治 8 年 11 月 29 日、寺町通丸太町上るの仮校舎で同志社英学校の開校にこぎつける。

冷泉家 5

翌明治 9 年、山本から譲り受けた旧薩摩藩邸跡の本校舎に移転。現在の同志社大学今出川キャンパスへと至る。

その南には京都御所、北には相国寺、またキャンパスに隣接して、歌人、藤原定家につらなり、典籍や古文書類を多数保管する冷泉家の邸宅がある。

求められる外国語教育の指導のあり方

直山木綿子

文部科学省
国立教育政策研究所　教育課程研究センター
研究開発部　教育課程調査官
初等中等教育局
教育課程課　教科調査官
情報教育・国際教育課　教科調査官

「未来を創る子どもの育成」をめざす御所東小では、国際社会で生きる力をつける教育の実現に向け、2020 年度から新学習指導要領で実施される外国語教育を重点の一つとしています。これから始まる外国語教育の指導の在り方についてご教授をいただいている直山木綿子調査官にお聞きしました。

日本の外国語教育が大きく変わります。新学習指導要領（小・中学校は、2017 年 3 月、高等学校は 2018 年 3 月告示）では、小学校中学年に「外国語活動」が、高学年には、「外国語」が導入されます。また、中学校及び、高等学校では、小学校に「外国語」が導入されたことや、これまでの成果と課題を踏まえ、その目標や学習内容が高度化されます。そして、小中高を通して、「幅広い話題について情報や考えなどを外国語で的確に理解したり適切に伝え合ったりする能力、他者を尊重しながら発表、討論・議論、交渉等ができるコミュニケーション能力」を身に付けることを目指し、この度、学習指導要領が改訂されました。

新小学校学習指導要領における外国語教育

小学校では、2018, 19 年度の 2 年間の移行期間を経て、全面実施となります。つまり、小学校中学年で年間 35 コマ、週 1 コマ程度の「外国語活動」が、高学年では年間 70 コマ、週に換算すると 2 コマ程度の教科としての「外国語」の授業が始まります。このような小学校における外国語教育の充実の背景には、次のようなことが挙げられます。

まず、これまでの高学年で実施されてきた「外国語活動」の成果と課題が、その下敷きとなっています。「外国語活動」の充実により、児童の学習意欲の高まりや英語を使って積極的にコミュニケーションを図ろうとする態度などの面で成果が認められています。また、多くの児童は「外国語活動」の授業で、英語で簡単な会話をしたり、発音の練習をしたりすることなどが、中学校に進学して役立ったと感じているという調査結果が出ています。

その一方で、多くの児童が小学校で「読む」「書く」活動をもっと学習しておきたかったと考えていることや、学年が上がるにつれて英語の学習意欲に課題が見られること、さらに小学校の「外国語活動」での音声中心の学びが、中学校での文字への学習へと円滑に接続が

図られているとは言い難いことなどの課題も指摘されています。このような成果と課題を踏まえ、小学校では、これまでの高学年で実施してきた「外国語活動」と同様、中学年から「聞くこと」「話すこと」を中心とした活動を通して外国語に慣れ親しみ、学習への動機付けを高めるとともに、高学年では、音声に十分慣れ親しんだ後に、段階的に「読むこと」「書くこと」の言語活動を加えて、中学校への接続も意識しながら系統的に学習を行う教科として「外国語」を導入することになりました。

　さて、中学年における「外国語活動」及び、高学年における「外国語」では、どのような力を付けることが求められているのでしょうか。また、そのためには実際の授業ではどのような活動が行われることが期待されるかについて、項目を立てて述べます。

①自分の考えや気持ちを伝え合う

　新学習指導要領に記された外国語教育に関する目標には、小中高を通じて「言語活動を通して」と記されています。言語活動については、『小学校外国語活動・外国語研修ガイドブック』（文部科学省、2017）では、「実際に英語を使用して互いの考えや気持ちを伝え合うという言語活動」と記されており、ようするに、授業中に子供たちが自分の考えや気持ちを英語を使って伝え合う活動を通して、子供たちが世界には様々な言語があることや、外国語と日本語の音声などの違いに気付いたり、言葉でコミュニケーションを図る楽しさを感じたり、さらには外国語、英語の力を付けていくようにするということです。ですので、これまでよく授業で子供たちが先生やＡＬＴ（外国語指導助手）の後について、好きでもないのに機械的に I like apples. I like soccer. などと言ったりするのではなく、友達や先生、ＡＬＴと I like oranges. I like baseball. と自分の考えや気持ちを伝え合う言語活動が授業の中心となるということです。

　しかしながら、これは何も特別なことではありません。算数や、国語、社会などどのような教科等の授業でも、児童は自分の考えや気持ちを発表したり、友達の考えなどを聞いたりしています。そして、友達の考えなどを聞いて、さらに自分の考えを深めています。「外国語活動」や「外国語」でも同じです。

②思考する、何を話しているのかを推測する

　児童が授業で新しい英語での語句や表現に出合う際には、それらの意味を日本語で説明してもらうことなく、その語句や表現が使われるのが自然な場面や状況で、実際にそれらを使って先生やＡＬＴがコミュニケーションを図っている様子を見ながら、その意味を推測するような活動を授業で展開します。児童は、先生やＡＬＴが話している場面や状況から、先生がいま言ったことはこういうことかな、ＡＬＴが話したことはこういうことではないかなと推測します。その推測こそが、外国語によるコミュニケーションにおける思考であると考

えます。赤ちゃんや幼児が母語を獲得する際にも、このような推測を繰り返しているのではないでしょうか。よって、「外国語活動」や「外国語」の授業では、英語を使ったコミュニケーションを場面を変え繰り返し体験することが大切になります。このような活動を繰り返しながら児童は、外国語、英語に慣れ親しんだり、活用できる力を付けたりしていきます。

さいごに

　ただし、三年生から「外国語活動」の授業が始まったからと言って、外国語、英語がすぐに使えるようになるわけではないことを、子供を取り巻く大人が十分に理解しておくことが大切です。そもそも言葉は、間違いながら習得されていくものです。外国語、英語も同じです。ましてや母語のように常に聞いたり触れたりすることができないのですから、なおさらです。ご家庭では、子供が授業で友達や先生とどのようなことをしたのか、そのときにどんな英語を聞いたり、話したりしたのかを話題にして、保護者の方も子供が英語を使おうとする姿を応援していただきたいと思います。子供たちが言葉でコミュニケーションを図りながら世界の人たちと一緒に平和な世界を築ける大人になってほしいと思います。

未来をつくる子どもの学び

嶋野道弘

元文部科学省初等中等教育局主任視学官

御所東小では、「未来をつくる子どもの育成」をめざしています。おりしも 2020 年度から新学習指導要領の全面実施となり、なかでも「主体的・対話的で深い学び」が重視されています。御所東小がめざす未来をつくる子どもの学びと主体的・対話的で深い学びとの関わりについて、長年にわたり文部科学省の教科調査官、主任視学官をされ、御所南小でもご指導いただいた嶋野道弘先生にお聞きしました。

　いつの時代の、どのような社会にあっても、子どもは未来を志向し、未来に向かって今を生きています。一方、子どもを取り巻く環境や社会は急速・急激に変化し、未来予測が困難な状況にもなっています。例えば、人工知能 ― AI ― の飛躍的な進化は、人間の在り方に大きな影響を及ぼすのではないかとの予測もあります。このことは同時に、人間の特質や強み ―人間性― の再認識につながっています。このような時代、学校教育には、子どもたちが様々な変化に主体的に向き合い、多様な他者と協働して課題を解決していくことや、様々な情報を見極め知識や情報を再構成するなどして新たな価値につなげていくこと、複雑な状況変化の中で夢を描き目的を再構築することができるようにすることが求められています。

○ 主体的・対話的で深い学び

　未来をつくる子どもには「主体的・対話的で深い学び」の実現に向けた取組が最良です。

　―多角形の内角の和の求め方：「振り返り」―「わたしは、五角形に対角線を 1 本引いて、三角形と四角形に分けて考えましたが、友達の考えを聞いて、どんな多角形でも三角形に分ければ内角の和が求められるので、いつでも分かるやり方だと気付きました。今日は、内角の和の求め方の新しい決まりを発見できてうれしかったです。算数はこういう決まりがあるので面白いです」

　「わたしは……考えました」は主体的な学びです。「友達の考えを聞いて」は対話的な学びです。「どんな多角形でも……と気付きました」などは深い学びです。主体的な学び、対話的な学び、深い学びは、それぞれに固有で独自な学びの視点ですが、それらは相互に影響し合い一体的に実現されます。

○ 主体的な学び

　主体的とは、認識や行為の主体である自分を感じ、自分の立場において感じ、考え判断し、行動する、ということです。主体的な学びの肝心な点は、いかに自分を感じながら学んでいるか、です。学びは、学習内容を理解するだけでなく、自分の学びの深化や自分の成長や変容を実感・自覚することでもあるのです。

　主体的な学びの実現には、見通しをもって粘り強く取り組むようにすることや、自己の学習活動を振り返って次につなげられるようにすることが肝要です。

　「見通し」は、これから始まる学習の予測であり洞察です。問題は解決できそうか、どのように学べばよいか、自分はどうか、などが意識されます。それは自己肯定感 ―自分の存在を認める― や自己有能感 ―自分はそれができるという期待や見通し― 自己効力感 ―自分はよい影響を及ぼすことができる― を刺激し、学びへの期待や意欲を高めます。「見通し」は学びに向かうスイッチなのです。

　「振り返り」は、各自の学びの捉え直し、味わい直し ―リフレクション・内省― です。振り返りの時間は、自分の分かり方や満足度などを捉え直したり味わい直したりして自身の学びを実感し自覚するひとときです。学んだことの定着や次への学びに向かう力を高めるには、学んだことを整理・確認する ―まとめる― だけでなく、学びが自分にとってどのような意味や価値があったかを自覚する ―振り返り― ことが大切です。

○ 対話的な学び

　対話は、他者とのやりとりを通じて、思い、情報、考えなどを共有し、相互理解や認識を深めたり、合意を形成したり、共に実践したりする過程です。対話的な学びでは、お互いの考えに耳を傾け合い、考えを確かめ合います。当初の個人的な考えが、相互の関わり合いを通して再構築され、共感・納得されながら広がり、次第に質の高いみんなの考えに仕立て上がっていきます。

　対話的な学びの実現には、多様な他者と関われるようにすることや、対話が生まれる学習形態や思考の可視化 ―見えにくい思考を見えるようにする― などの工夫が必要です。地域の人との対話は外界との相互作用を創り出します。ペア・グループなどの学習形態、ディスカッション・ディベートなどの対話法があります。また、ピラミッド法 ―多様なアイディアからベストのアイディアに絞っていく― やウェビング法 ―発想をつないでいく― 等の考える技法があります。形態、手法、技法を適切に活用することを通して、活発な対話が生まれるようにすることが大切です。

○ 深い学び

　深い学びとは、知識・技能の確実な定着を図るとともに、身に付けた資質・能力を活用・発揮しながら、さらに伸ばしたり新たに身に付けたりする学びのことです。習得・活用・探究という学びの過程の中で、各教科等の見方・考え方を働かせながら、知識を相互に関連付けてより深く理解したり、情報を精査して考えを形成したり、問題を見いだして解決策を考えたり、思いや願いを基に創造したりする学びです。

　深い学びの実現には学びの過程が重要です。例えば、身に付けた知識・技能を活用したり発揮したりして関連付ける過程。体験と情報や知識を関連させ、自分の考えとしてまとめたりする過程などが考えられます。

　未来をつくる子どもには、何を理解しているか・何ができるか ―知識・技能― 、理解していること・できることをどう使うか ―思考力・判断力・表現力等― 、どのように社会・世界と関わり、よりよい人生を送るか ―学びに向かう力・人間性等― が求められます。学習内容を人生や社会の在り方と結び付けて深く理解し、身に付けた資質・能力を活用し、生涯にわたって能動的に学び続けることができるようにすることは教育の普遍的な理念です。

〈参考〉拙著『学びの哲学』東洋館出版社

あとがき

　開校前の教育構想検討段階から３年間、開校準備会の皆さんと地域住民や保護者の方々に参画していただいた新しい学校づくり。「学校は一体どうなるのか？」「我が子はどうなるのか？」不安と戸惑いが渦巻く中、新しい学校づくりが始まりました。

　当初は現状を一段階ずつ重い足取りで受け入れてくださったと感じています。そんな中、春日学区と銅駝学区の皆様の温かい思いやりのお陰で、全員の心に変化が生まれてきました。「我が子の学校を一から創る経験など、望んでできるものではない」と、不安は大きな期待に変わり、今では「私たちが創った素晴らしい学校です‼」と、誇らしげな笑顔があふれてきました。

心に残る言葉と情景

○「意見交換会」では、人として磨かれ、思いもよらないアイディアが生まれました。そして何よりも多くの仲間に恵まれた「場」でした。

○地域の方が不安な気持ちに寄り添ってくださったとき、地域の愛情の深さに感激し「地域の子どもは地域で育てる」本当の意味を知りました。

○不安で揺れる子どもたち。友達と別れ、慣れた学校から離れる寂しさ、湧き出る不安。しかし多くの活動に参加するうち新しい友達ができ、瞳が輝き出しました。

○教育構想案等の意見を求められ、それをもとに、新学習指導要領を踏まえた教育構想案等を御所東小学校案内等にまとめていただけたのは想像を超えたことでした。これも御所東小学校開校準備会と御所東小学校開設準備室が、がっちり取り組んだチームワークの結晶です。

○開校準備会のメンバーにとって、いろいろな苦労が多かった分、連帯感や愛校心が芽生え、開校後も、学校運営協議会に参画しています。

○両学区の会長には、学校づくりの進捗状況を地域にもち帰っていただき「地域の子どもは地域で守り育てよう」と学校への関心を広げていただきました。見守り隊も30人近くの登録をしていただき、地域も多くの方の協力をとても喜んでいただいています。

　皆様の「よい学校を創ろう」の熱い想いが伝わり、平成30年度の新１年生は予想を上回る54名を迎え、活気あふれる御所東小学校を開校することができました。

　最後になりましたが、春日学区自治連合会、銅駝自治連合会の会長様をはじめ地域住民の皆様、御所南小学校未来構想検討委員会の皆様、御所東小学校開校準備会の皆様、開校準備に関わっていただいた全ての皆様に心より感謝申し上げます。これからも「夢に向かって輝く未来をつくる子どもの育成」をめざし、皆様と歩んでいけることを願ってやみません。

　本書作成にあたり、春日学区自治連合会、銅駝自治連合会、御所東小学校開校準備会、御所東小学校開設プロジェクトの皆様をはじめ関係する多くの方々に多大なご尽力をいただきました。厚く御礼申し上げます。

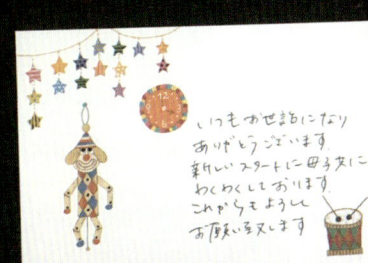

いつもお世話になり
ありがとうございます
新しいスタートに母子共に
わくわくしております。
これからもよろしく
お願い致します

先生との出会いから早5年です。先生には開校
準備委員会 そして英語指導のため
たくさんのことを教えて頂きました。
これからは主人の親として御所東小
のおやじにかかわる様がんばってみます。

大好きな先生　これからも人生の先輩としてコンタクトお願い下さい。

先生　お世話になり特にありがとう
ございました。
私は開校準備会から約2年間ご一緒
させていただきました。新しい小学校を建設
と教育委員会が一丸となって作り上げて
いく課題を間近に見させていただき、大変
貴重な経験でした。一つ一つの課題がスムーズ
に進むように、根まわしなりを頑張された、それがカタチと
成果が子どもたちや地域に笑み返る様子を目にし、その
度感嘆しておりました。

新1年生に入学する我が子が御所東小の
学校を通じてどんな風に成長するのか今から
とても楽しみです。親としてしっかりサポートしていき
ます。
これからもお体を大切にお仕事ご活躍されることを心よりお祈りいたします。

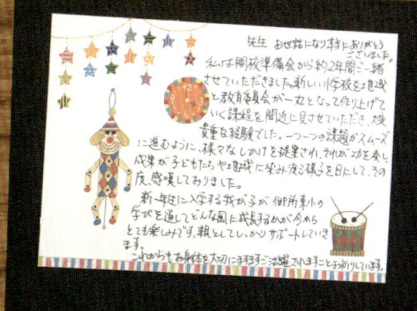

先生

開校までの間
本当にありがとうございました。
私自身は昨年からの参加で、
短い期間でしたが、御所東小学校PTAに
参加して先生にまたお会いできて
とても嬉しかったです。
妹・弟に続き、息子までお世話になりました。
御所東小学校に通う子どもの為に
頑張ります!!

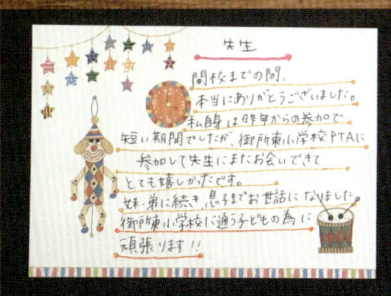

先生

御所東小学校開校
　　おめでとうございます。

4月の開校以降もお顔を
見れて安心しております。

これから楽しくおかしくよい学校を
作っていきましょう!!

【著者紹介】

村上美智子（むらかみ み ち こ）

1947年京都市生まれ。京都市立小学校教諭を経て京都市教育委員会・永松記念教育センター（現教育総合センター）研修・指導主事。1995年京都市立御所南小学校教頭。1996年より12年間、御所南小学校校長。2008年京都市教育委員会学校指導課参与。2016年御所東小学校開設準備室参与。

〈研究活動〉 ―京都市立御所南小学校においてー
1997年文部省「研究開発学校」の指定を受け、「総合的な学習」を中心に教育課程の研究を進める。2002年文部科学省による「新しいタイプの学校運営に関する実践研究」の指定を受け、地域、保護者、学校が一体となる「コミュニティ・スクール」づくりの研究実践。2006年近隣3校の小中一貫教育の柱として読解力の向上をめざし「読解科」を創設・研究実践。

大山剛生（おおやまたけ お）

1969年京都市生まれ。1994年京都市教育委員会に採用。以降、教育行政に携わり、教育予算の編成や教職員の指導力向上、家庭・地域教育推進等の担当部署を経て2014年に学校指導課担当課長。学力向上、小中一貫教育、学校運営協議会とともに、御所東小の開校準備を担当。2016年同校開設準備室設置に伴い副室長兼職。

御所東小学校の軌跡（ご しょひがししょうがっこう き せき）
京都コミュニティ・スクール物語（きょうと ものがたり）

2019年7月8日　第1刷発行

著　者	京都市立御所東小学校 学校運営協議会 村上美智子　大山剛生
発行者	千石雅仁
発行所	東京書籍株式会社 〒114-8524 東京都北区堀船2-17-1 営業 03-5390-7531 ／ 編集 03-5390-6012 https://www.tokyo-shoseki.co.jp
印刷・製本	株式会社報光社
装　幀	POPWORKS　松尾エリ
DTP	きのこデザイン　所　雅子

ISBN978-4-487-81163-2 C3037